Tirso de Molina

La romera de Santiago

Barcelona **2024**
Linkgua-ediciones.com

Créditos

Título original: La romera de Santiago.

© 2024, Red ediciones S.L.

e-mail: info@Linkgua-ediciones.com

Diseño de cubierta: Michel Mallard.

ISBN tapa dura: 978-84-9953-796-2.
ISBN rústica: 978-84-9816-518-0.
ISBN ebook: 978-84-9953-255-4.

Sumario

Brevísima presentación

La vida

Tirso de Molina (Madrid, 1583-Almazán, Soria, 1648). España. Se dice que era hijo bastardo del duque de Osuna, pero otros lo niegan. Se sabe poco de su vida hasta su ingreso como novicio en la Orden mercedaria, en 1600, y su profesión al año siguiente en Guadalajara. Parece que había escrito comedias y por entonces viajó por Galicia y Portugal. En 1614 sufrió su primer destierro de la corte por sus sátiras contra la nobleza. Dos años más tarde fue enviado a la Hispaniola (actual República Dominicana) y regresó en 1618. Su vocación artística y su actitud contraria a los cenáculos culteranos no facilitó sus relaciones con las autoridades. En 1625, el Concejo de Castilla lo amonestó por escribir comedias y le prohibió volver a hacerlo bajo amenaza de excomunión. Desde entonces solo escribió tres nuevas piezas y consagró el resto de su vida a las tareas de la orden.

Personajes

El rey Ordoño
Linda, Infanta
Blanca, dama
Ximeno
Lauro
Doña Sol
Ortuño
El conde don Lisuardo
Relox, lacayo
El conde Garci-Fernández
Fruela
Ramiro
Urraca
Bermudo
Fávila
Criados
Música

Jornada primera

(Salen los que pudieren de acompañamiento, y el conde don Lisuardo, de camino, y Ordoño, rey de León, y doña Linda, infanta, su hermana, y siéntanse el rey Ordoño: y la infanta Linda.)

Ordoño   ¿Conde?

Lisuardo   ¡Señor!

Ordoño   Escuchad.
                    La memoria de los reyes
                    hace asegurar las leyes
                    del temor y la lealtad,
                        con el premio y el castigo
                    que son los polos por donde
                    suelen navegarse, conde,
                    estos dos mares que digo.
                        Porque la definición
                    de la justicia es igual
                    medida que cada cual
                    con la pena o galardón
                        da lo que le toca. Yo
                    estoy de vos obligado,
                    y vos no tan bien pagado
                    como el valor mereció
                        de vuestra heroica persona,
                    puesto que para pagallo
                    es poco con tal vasallo
                    partir, conde, la corona,
                        y por ver si corresponde
                    la paga al valor igual,
                    quiero hacer un memorial
                    de vuestros servicios, conde.

Cuando el moro de Navarra,
en ofensa de León
quiso hacer ostentación
de su persona bizarra,
    saliendo yo con la mía
del marte alarbe navarro,
al paso, vos tan bizarro
anduvistes aquel día
    que nos dimos la batalla,
que cuerpo a cuerpe le distes
muerte y en fuga pusistes
toda la alarbe canalla;
    y tanta africana Luna
metistes de esta ocasión
arrastrando por León,
que envidié vuestra fortuna
    más que la de haber nacido
rey, en fin, porque es mayor
imperio el que da el valor
que el que en la tierra han tenido
    los príncipes que nacieron
con la dicha de heredallo;
que a tan valiente vasallo
reyes llegar no pudieron.
    Cuando sobre el feudo entró
Relox Fernández, el conde
de Castilla, hasta adonde
el Esla los pies bañó
    a sus soberbios caballos,
sobre la puente del río
no mostró el romano brío
de Horacio para estorballos
    el paso más valentía
que vos, pues a voces dijo

que erais rayo, que erais hijo
del Sol, Castilla, aquel día.
   Cuando el moro cordobés
las cien doncellas pidió
que Mauregato le dio,
rey infame, vil leonés,
   y le obligó mi respuesta
a que pusiese en campaña
de la morisma de España
cuanta gente al arco apresta,
   adarga embraza y empuña,
lanza jineta aprestando
otro berberisco bando
por la gallega Coruña
   haciendo empeñar el suelo
y que el África se asombre,
¿no levantastes el nombre
de Ordoño segundo al cielo?
   Si estos los servicios son
del conde don Lisuardo,
y hacerle merced aguardo,
una Infanta de León,
   legítima hermana mía,
sola los basta a pagar,
y hoy la mano os he de dar;
de más de que merecía
   vuestra sangre este favor,
que no será la primera
que honrar vuestra casa espera.

Lisuardo   A tanta merced, señor,
   ni sé responder, ni acierto
a agradecer con razones;
bien que en tales ocasiones

es cordura el desacierto.
Considere vuestra alteza
lo que propone mejor,
porque le viene el favor
muy sobrado a mi nobleza.

Ordoño   Yo tengo considerado,
conde, el favor que os he hecho,
y es justicia y es derecho,
razón y razón de estado;
    porque, a granjear los dos,
conde, venimos así.
Tanto me conviene a mí
como os está bien a vos.
    Linda, mi hermana, ha de ser
vuestra esposa, y dad la mano
a la infanta.

Lisuardo   El soberano
favor me ha de enloquecer.

Ordoño   Levántese, Linda, a dar
la mano al conde.

Linda   Ocasión
es, según sus partes son,
que se pudo granjear
a costa de mis deseos.

Lisuardo   Llegar a tanto en tan poco
me ha de hacer que goce loco
tan soberanos empleos;
    traición parece que ha sido
al gusto y a la ventura.

Ordoño	Quien pagar, conde, procura lo mucho que habéis servido, de esta suerte lo ha de hacer. Vuestro valor os levanta a la alteza de una infanta.
Lisuardo	Solo os puede responder, Ordoño, en esta ocasión, para no caer en mengua, el silencio, que en la lengua no hay sentimiento en razón del saber encarecer tan nunca vistos favores.
Ordoño	Si pudieran ser mayores no los dudara de hacer. Dé la mano vuestra alteza, hermana, al conde.
Lisuardo	Dejad quc imagine que es verdad tanto bien, tanta grandeza primero, Ordoño valiente, generoso, heroico y justo, porque el gusto como el susto puede matar de repente. Con mil vidas que perdiera por vos, con que derramara de sangre un mar, no bastara para que comprar pudiera lo menos del bien que aguardo tan sin pensarlo.

Linda	Yo estoy pagada en saber que soy del conde don Lisuardo. Ésta es mi mano y con ella el alma os rindo también.

Lisuardo	Si no es sueño tanto bien,
	loco estoy. Linda, más bella
	  que el Sol en belleza y nombre,
	a tanto cristal, a tanto
	del cielo y de amor espanto,
	no hay alma que no se asombre
	  y mil tener estimara
	para ofrecer con la mano
	a vuestro pie soberano,
	prodigio de la más rara
	  belleza que ha visto el suelo,
	de cuya mano divina
	con la mía el alma indina
	mide al Sol rayo de hielo;
	  puesto que en empresa igual
	más lince Amor, que Dios ciego
	hoy trueca flechas de fuego
	a cometas de cristal.
	  Pero, señor, ¿con qué intento
	si esta merced me intentastes
	hacer, ponerme mandastes
	de camino? Un casamiento
	  tan alto, ¿no requería
	galas cortesanas, antes
	que cosas que tan distantes
	son para tan grande día
	  como las botas y espuelas?
	Perdonad, que enigmas son

tan notable prevención
de caminar, tantas velas
   de plumas en mis criados,
tremolando al aire ya,
adonde copiando está
la primavera los prados
   en las galas de colores
y a quien el Sol hace fiesta,
de cuya hermosa floresta
son clarines ruiseñores,
   y tanto apercibimiento
como León sale a ver,
dando, Ordoño, en qué entender
al Sol, al abril y al viento,
   y todo tan diferente
que obliga a esta admiración.

Ordoño   No ha sido sin ocasión;
escuchadme atentamente.
   Desde el día que tomé
la resolución postrera
de casaros con la infanta,
mi hermana, con su belleza
premiando vuestros servicios,
quise que las bodas nuestras
fuesen en un mismo día,
para juntar ambas fiestas
y para mostrar el gusto
que yo tengo, conde, en ellas,
porque corramos los dos
en el estado parejas;
pues para tomarle yo
fue necesario que hiciera
primero las de mi hermana,

que es obligación y endeuda
con que los varones nacen;
y aunque Polonia y Bohemia,
Flandes, Borgoña y Castilla
me la han pedido, más fuerza
las obligaciones, conde,
que os tengo, me han hecho, y éstas
con la merced de la infanta
aún no quedan satisfechas.
Ésta es la causa de haberos
mandado con la grandeza
que tenéis, conde, aprestada,
que os pusieseis las espuelas
para que, luego que a Linda
la mano dieseis, partiera
vuestra persona a tratar
mis bodas a Ingalaterra
con Margarita, segunda
hija de Enrico, tan bella,
que la fama pasó el mar
hasta León con las nuevas,
para cuyo efecto agora
en la Coruña os esperan
cuatro bajeles, redondos
escollos que el mar navegan,
tan valientes y veloces
caballos en la carrera,
del campo de las espumas,
que en pocos días las leguas
que hay desde allí hasta Plemúa
medirán, poniendo en ella
duda al viento si son hijos
de su propia ligereza.
En aqueste pliego, conde,

va la carta de creencia,
la instrucción y mi retrato.
Dadme los brazos y sepa
Ingalaterra por vos
de la Corona leonesa
la grandeza y el valor.

Lisuardo   Perdonara a vuestra alteza
la merced por la pensión
que viene, Ordoño, con ella.
Si fuera llevando a Linda
fuera donde el Sol no llega,
adonde trueca en la Libia
por átomos las arenas;
pero no sé con qué vida,
con qué esperanza sin ella
podré llegar donde voy.

Ordoño   Con el gusto de la vuelta
la ausencia puede sufrirse.

Lisuardo   Como el rigor de la ausencia
primero se ha de pasar,
es necesario que sea
el valor más confiado,
más valiente la paciencia,
más sufrida la memoria,
la esperanza más resuelta;
mas donde méritos faltan
justo es que haya en recompensa
tanto infierno a tanto cielo,
a tal gloria tanta pena.

Ordoño   Esto, es tan forzoso, conde,

como veis, que porque fuera
a esta embajada con más
autoridad y grandeza
vuestra persona, he querido
honraros de esta manera,
dando primero la mano
a la infanta. De su alteza
os despedid, y adiós, conde.

(Vase el rey Ordoño.)

Lisuardo   No tiene valor ni fuerza
para tanta empresa el alma.

Linda   Conde, Dios os guarde y vuelva
a León con la salud
que, como es razón, desea
quien ha de ser vuestra esclava.
Porque, si es igual la ausencia,
entre dos que están amando
del que parte y del que queda,
partamos los sentimientos
entre los dos, por que sean,
partidas y acompañadas,
conde, menores las penas;
que yo os aseguro, conde,
que lleváis a Ingalaterra
un alma que os acompaña,
tan fina y tan verdadera
amante, en fe de la mano
que os di, que podréis con ella
tener del tiempo al pesar
penas y gustos a medias.
Y a Dios que os guarde.

| Lisuardo | Esperad,
dejad que deje en la esfera
de la nieve de esas manos
con la boca el alma impresa. |

Lisuardo   Esperad,
                        dejad que deje en la esfera
                        de la nieve de esas manos
                        con la boca el alma impresa.

Linda   En el alma queda, conde,
                        donde con firmeza eterna
                        ha de vivir; Dios os guarde.

Lisuardo   Haced, Oriente, esas rejas
                        para verme partir; nazcan
                        vuestros dos soles en ellas
                        otra vez, no se me pongan
                        tan presto.

Linda   Conde, quien tenga
                        menos causa de querer,
                        menos razón de estar ciega,
                        atreverse puede a tanto.
                        Permitidme, pues es fuerza
                        el ausentaros, que escucho
                        el mal, y que no le vea,
                        y guárdeos Dios.

(Vase la infanta Linda.)

Lisuardo   Dios os guarde.
                        Loco voy, y no me dejan
                        las mismas ansias partir.
                        ¡Mal haya, enemiga ausencia
                        quien de amor te llama olvido
                        siendo pasión que te aumentas
                        en la misma privación!

(Sale Relox, de camino con fieltro.)

Relox
No ha de ser mi norabuena
la postrera, ¡vive Dios!
Perdone la palaciega.
ceremonia el caminante
traje de fieltro y librea
que a pisar indignamente
éntre estas salas; y luengas
edades goce vusía,
vueselencia o vuestra alteza
a la infanta, mi señora,
que se me ha puesto en la testa
que ha de heredar a León,
porque le he visto con muestras
de impotente al rey notables.

Lisuardo
¿De qué suerte?

Relox
Es cosa cierta.
Todo lampiño de barba
y bigotes no procrea,
porque son en el varón
señales de fortaleza,
como en éstos de templanza,
y si alguna vez engendran
en sus cluecos desposorios,
son aves para la iglesia.

Lisuardo
¿Cómo?

Relox
Capón es no más.
Gente que trae sin vergüenza

huevos de avestruz por caras,
que las pestañas y cejas
les han dado de barato,
aunque algunos se consuelan
cuando ven los angelitos
pintados, pues con ser esta
gente más honrada que ellos,
en cinco mil primaveras
de edad jamás han barbado.

Lisuardo   Siempre estás de una manera.
                  ¡Oh lo que envidio tu humor!

Relox   También tengo mis tristezas;
                  también gozo mis pesares;
                  también lloro mis ausencias;
                  también hay Juana y Lucía,
                  Marina, Aldonza y Quiteria
                  de quien despedirse el hombre;
                  que llevo de una gallega
                  en el alma atravesados
                  trece puntos de chinela
                  que, a estar en un facistol,
                  pudieran cantar por ellas
                  un motete, porque anduvo,
                  según la apariencia enseña,
                  con esta nación de pies
                  pródiga naturaleza;
                  y no tres puntos, seis puntos...
                  ¡Jesús! En unas talegas
                  traigo los pies, y son vainas
                  donde el juanete profesa
                  tan gran clausura, que obliga
                  con las meninas tijeras

a la cuchillada en cruz,
y dice abajo una letra:
«Aquí mataron a un callo,
rueguen a doña Teresa
que se calce un punto más,
porque de esta suerte tenga
su apretado pie en descanso
de cordobán y de suela.»

Lisuardo   Reírme has hecho sin gana
de tus disparates.

Relox   Pecas
mortalmente contra Amor
y no has de hallar quien te absuelva.
¿Sin gana? ¡Qué grosería!
¡Qué ingrata correspondencia!
¡Qué poca fineza! ¿Cómo
te puede sufrir la tierra?
¡Jesús, Jesús, qué notable
delito! Dios te convierta,
despojado Jeremías,
amante de la ley vieja,
Heráclito de los Condes.

Lisuardo   ¡Ah borracho!

Relox   ¿Quién lo niega?

Lisuardo   Adiós, Linda; adiós, hermoso
cielo de amor, pues es fuerza
dejaros, que hasta volver
el alma en rehenes queda,
y adiós, que parto sin alma.

(Vase Lisuardo.)

Relox   ¿Sin alma? ¡Qué borrachera!
Dóysela de dos la una
a cualquier difunto. ¡Oh bestias
de Amor! ¡Oh locos amantes,
qué presto que el alma dejan,
y como quien no hace nada
se van por su pie sin ella
trecientas leguas! Bien haya
un lacayo, que si llega
a despedirse de Elvira,
de Catalina o de Menga,
no trata de almas ni trata
de más que de dar la vuelta
con alma y cuerpo y tomar
lo que le dan por fineza,
si son cuellos o camisas
y sin lágrimas ni quejas,
suspiros ni otras embrollas,
se despide a media rienda
con un abrazo en aspón
y un beso de castañeta;
y sin hacer más misterios
el se va y ella se queda.
Yo le sigo. ¡Ah, pobre conde!
¡Cuál baja las escaleras
de palacio! No me espanto
de que la causa merezca
este enamorado aplauso,
que Linda, la infanta, es bella,
y es infanta de León.

(Arriba en una ventana Linda y Blanca.)

Blanca   Del conde es esta librea.

Linda   Llámale, por vida tuya,
                   Blanca.

Relox   Adiós, paredes llenas
                   de nidos de golondrinas,
                   mondongas y urracas dueñas.
                   Adiós, patios de palacio
                   donde tantas y tan necias
                   pretensiones paseadas
                   hacen señal en las piedras.

Blanca   ¡Hola! ¡Ah, lacayo del conde!

Relox   ¡Qué soberana belleza
                   en tiple me está oleando!
                   ¿Quién sin ser cura me olea?

Linda   ¿Partióse ya el conde?

Blanca   Mira
                   que te está hablando su alteza.

Relox   Ya lo miro con dos ojos
                   y con treinta reverencias.

Linda   ¿Partióse el conde?

Relox   Según
                   su sentimiento y su flema
                   pienso que no.

Linda	¿No eres tú
	su criado?
Relox	Y de su alteza
	muy servidor, porque soy,
	hablando con reverencia,
	a quien tiene el conde muchas
	obligaciones y deudas,
	de hacer merced por servicios,
	que de persona y de lengua
	le he hecho veinte años ha.
Linda	Privarás con él, que muestras
	desenfado cortesano.
Relox	Tengo muchas excelencias.
Linda	¿Cómo te llamas?
Relox	Relox.
Linda	¡Notable nombre!
Relox	A mi abuela
	le debo, después de Dios,
	porque fui desde la teta
	al Relox tan semejante,
	que no hay cosa que convenga
	tanto conmigo en tener
	puntualidad en la eterna
	vigilia de no dormir,
	porque tengo la cabeza
	con notable sequedad;

y no se halla quien duerma
menos que el Relox, pues nunca
como frenético deja
de dar en su tema a voces,
como yo doy en mi tema,
en estar midiendo siempre
el tiempo en aguar las fiestas,
diciendo: «Las doce son,
las dos darán las primeras,
mañana es viernes, señores».
Y ya que en dar no parezca
Relox, en pedir lo soy;
solo doy en las tabernas,
que son mis parroquias, donde
tragos por horas me cuestan
por cuartos y por cuartillos.

Linda   Pues haz, Relox, que no sean
del tiempo a pesar las horas
tan largas en esta ausencia;
apresura al Sol los pasos,
los siglos al tiempo abrevia
y te deberá la vida,
aunque es tan a costa de ella.

(Salen Garci-Fernández y Ximeno, criado.)

Ximeno   A gran cosa te aventuras
si el mismo día que llegas
enamorado a León
en demanda de esta empresa
al conde don Lisuardo
da el Rey a Linda, pues quedan
capitulados y dadas

las manos, premisas ciertas
de que su esposo ha de ser,
luego que de Ingalaterra
vuelva el conde.

Garci-Fernández   Nunca amor
de lo más fácil se precia.
Garci-Fernández, el conde
de Castilla soy, y heredan
más altas obligaciones
mi valor y mi nobleza.
Y aunque me niegue su hermana
por nuestras pasadas guerras
y diferencias, Ordoño,
pretendo ser dueño de ella,
o en la empresa he de morir.

Relox   Dadme, señora, licencia,
porque el conde, mi señor,
a estas horas galopea
fuera de León, por dar
más presto a veros la vuelta,
y soy de la infantería
y he de caminar por fuerza
delante de su caballo
o al lado de su litera.

Linda   Dile al conde...

Garci-Fernández   Damas hay,
don Ximén, en estas rejas
que caen a los corredores.

Relox   Guarde Dios a vuestra alteza.

27

Garci-Fernández   La infanta es, y éste sin duda
que despidiéndose de ella
está, es lacayo del Conde.

Linda   Dios te guarde.

Relox   Adiós.

Linda   Espera,
y esta banda que te arroja
Blanca, al conde, Relox, lleva
para que al cuello en mi nombre
le acompañe en esta ausencia,
a quien le da mi esperanza
la color y mi firmeza
el oro, y vuélvale el cielo
con la salud que desean
mis ojos verle en León.

(Da la banda a Blanca y vase.)

Garci-Fernández   Ximén, si no pareciera
locura de amor, matara
al lacayo.

Blanca   Relox, ésta
es la banda; adiós...

(Echa la banda y vase.)

Relox   Adiós.

(Llega Garci-Fernández y cógela al vuelo.)

Garci-Fernández	Aparta, villano, y deja trofeos de quien tus manos son tan indignas, y cuenta a tu dueño cómo un hombre de más valor, de más prendas, enamorado y celoso, con esta banda se queda; que me la pida del modo que quisiere cuando vuelva de Ingalaterra, que yo le aguardo en León, si fuera un Hércules, un Aquiles, que no es razón que merezca favores tan soberanos menos que quien dueño sea del mundo, como Alejandro, para hacer a Linda reina del mundo, o Relox Fernández, conde de Castilla, esfera donde esta banda ha de ser, a pesar de la tormenta de mis celos, arco hermoso de la paz que amor desea Vamos, Ximén.
Relox	¡Vive Dios!
Garci-Fernández	¿Qué dices?
Relox	¿Yo? que me tengas por tu amigo.
Garci-Fernández	Vete, pues.

Relox	Ya me voy; pero...
Garci-Fernández	¿Qué esperas?
Relox	Nada, por cierto; mas mira, si es posible con más flema, que es de la infanta esa banda y que no hay burlar con ella ni con el conde, mi amo, a quien se dirige, y fuera razón tener cortesía; y cuando no se la tengan ausente, soy hombre yo que la banda de su alteza con tanta superchería tiranizada por fuerza, y en este lugar, sabré...
Garci-Fernández	¿Qué sabrás?
Relox	Irme sin ella.

(Vase Relox.)

Garci-Fernández	Loco con la banda voy.
Ximeno	¡Notables cosas intentas!
Garci-Fernández	Para los pechos tan grandes se hicieron grandes empresas.

(Vanse. Sale Linda.)

Linda   Cansada ausencia, dolor
            en el alma tan asido,
            parece que habéis nacido
            de un parto con el Amor.
            Vuestro enemigo rigor
            a un mismo tiempo sentí
            que del amor conocí
            el movimiento primero,
            tanto que de ausencia muero
            desde que al amor nací.
                Cuando yo no conocía
            qué era amor, imaginaba
            que quien a querer llegaba
            de ningún pesar sabía;
            mas agora cada día
            los daños de la apariencia
            desengañan la paciencia,
            que hallando a su mal testigos
            va descubriendo enemigos
            en el campo de la ausencia.
                Pensaba yo que el mayor
            era la ausencia no más;
            y vanme enseñando más,
            las espías de mi amor,
            porque celoso temor,
            las sospechas y el olvido
            acometen al sentido,
            monstruos de tanto poder
            que se dan a conocer
            primero que hayan nacido.

(Sale Blanca.)

Blanca   Señora.

Linda	Blanca.
Blanca	Tu hermano manda avisarte primero porque cierto caballero, embajador castellano, quiere besarte la mano, y él excusa darle audiencia con esto, que en tu prudencia libra el desengaño.
Linda	Ya entiendo al rey. ¿Dónde está?
Blanca	Aquí, aguardando licencia.
Linda	Dile que entre, que su intento justamente de mí fía. Notablemente porfía Castilla en mi casamiento; en pie recibirle intento, por que no quiero obligarme, que se siente con sentarme.

(Sale Garci-Fernández con la banda puesta.)

Blanca	Llegad, que su alteza espera.
Garci-Fernández	¡Qué hermosamente severa el audiencia aguarda a darme! ¡No he visto mayor valor con tan divina belleza! Deme los pies vuestra alteza.

Linda	Levantaos, Embajador.
Garci-Fernández	Como otra deidad de amor suspende, turba y admira a quien su hermosura mira.
Linda (Aparte.)	(O es deseo o ilusión, o hace la imaginación casi verdad la mentira, o ésta es la banda que di para el conde.) Blanca, escucha.
Garci-Fernández	Mucha es su cordura, y mucha su beldad; no estoy en mí.
Linda	¿No es ésta mi banda?
Blanca	Sí, señora, o tan semejante, que es a engañaros bastante.
Linda	La semejanza me está quitando el sentido.
Garci-Fernández (Aparte.)	(Ya, para poder ser amante más dichoso y confiado, en sus divinos despojos la infanta ha puesto los ojos con particular cuidado; siempre la Fortuna ha dado victoria al que es atrevido.)

Linda (Aparte.)	(Perdiendo estoy el sentido.
	¡Qué notable confusión!)
Garci-Fernández	De tan justa suspensión
	como viéndoos he tenido,
	puedo valerme, señora,
	para salvar el cuidado
	de no haberos preguntado,
	lo que es tan justo, hasta agora.
	¿Cómo estáis?
Linda	Como quien llora
	la ausencia del conde...
Garci-Fernández	
(Aparte.)	(¡Ay, cielos!
	Cuanto escucho y miro es celos.)
Linda	...que en bienes tan deseados
	es centro de mis cuidados
	y blanco de mis desvelos.
Garci-Fernández	El de Castilla pudiera,
	señora, formar de vos
	quejas, pues siendo los dos
	de un nacimiento y esfera,
	permitís que los prefiera
	de vuestro hermano un vasallo.
Linda	Ya en él tantas partes hallo,
	después que le he dado el sí
	y que la mano le di
	de esposa, que aun igualallo

34

más los límites traspasan
del fin en que se desvelan
con desengaños que hielan
y con desdenes que abrasan.

(Vase. Salen el conde don Lisuardo y Fruela, Lauro, Ramiro y Relox, criados.)

Lisuardo   Ya me parece que es hora
                    de caminar, que los rayos
                    del Sol, licencia a las sombras
                    por el ocaso van dando;
                    que basta lo que hemos sido,
                    mientras su fuerza ha durado,
                    huéspedes de estos laureles
                    y de estos cristales claros.

Relox   El marqués de Mantua fuiste,
                    hoy con todos tus criados.

Lisuardo   ¿Cómo, Relox?

Relox   Porque a todos,
                    dando a la merienda aplauso,
                    alrededor de una fuente
                    mandaste sentar.

Lisuardo   El campo
                    nos brindó.

Relox   ¿Qué te parecen
                    los de Galicia?

Lisuardo   Retratos

de los jardines Hibleos.

Lauro   Los Elíseos los llamaron
             muchos antiguos.

Lisuardo   Tuvieron
             razón, que pienso que el mayo
             de estos campos, de estas cumbres,
             es eterno ciudadano,
             y que pueden a cristales
             hechos en peñas pedazos,
             apostar el Sil y el Miño
             con Guadalquivir y el Tajo,
             cuyas fértiles riberas,
             para hacer por abril palio
             al Sol, parece que están
             flores a estrellas copiando.
             Plata y verde es la librea
             que dan los montes bizarros,
             siendo por faldas y cumbres
             los arroyos pasamanos,
             bendiciendo con las lenguas
             que primero murmuraron,
             al zafiro de los cielos,
             la esmeralda de los prados,
             que a no gozarlos tan triste
             de ausente y enamorado,
             fuera pasar por el cielo.

Relox   Alabando estás de espacio
             los arroyos y los ríos,
             cuando nos está brindando
             Ribadavia, a quien venera
             santa nación, por el santo

38

licor, que sobre un magosto
de castañas, hace raros
milagros. Perdonen todos
cuantos hay, tristes y blancos,
que éste es el rey de los vinos,
o el monarca.

Lauro   Eso está claro.

Lisuardo   Fértil tierra.

Relox   De esa suerte
bien puede un lacayo honrado
decir que es gallego agora.

Lisuardo   ¿Por qué no, si estos peñascos
a Castilla y a León
tan honrada sangre han dado,
que para gloria del mundo
basta el blasón de los Castros,
en Galicia tan antiguo?

Relox   Y los Relojes, ¿es barro
desde que se usaron horas?
Gente que siempre está dando,
a imitación de los condes
y marqueses.

Lisuardo   Relox, paso,
no te desconciertes.

Fruela   Siempre,
cuando está desconcertado
el Relox, suelen decir:

«El Relox está borracho.»

Relox
No quitando lo presente,
señor escudero, hablando
con reverencia.

Lisuardo
En efecto,
¿el camino de Santiago
es éste?

Ramiro
Y en toda Europa
no hay camino más cosario,
aunque entre el de Roma y entre
el del Sepulcro sagrado
de Jerusalén.

Lauro
No tiene
el mundo provincia en cuanto
el bautismo se predica
que a este antiguo santuario,
de nuestro patrón no envíe
peregrinos, ni apartado
mar, adonde el pasajero
y el piloto del naufragio
en la pared de su templo
no cuelgue tabla o milagro,
ni en las mazmorras de Fez
o Argel, cautivo cristiano
que no traiga la cadena
de su libertad, pagando
las gracias en esto al cielo
y al Patrón de España.

Fruela
Es tanto,

que al camino que en el cielo
por causa de estar cuajado
de estrellas llamó el gentil
camino de leche, han dado
en llamarle vulgarmente
el camino de Santiago.

Relox   Y es de suerte, que viniendo
cierto labrador cansado
del campo a su casa humilde
una noche de verano,
queriendo hacerle su esposa
lisonja, en medio de un patio
le puso la cama al fresco;
mas él, los ojos alzando
al cielo y mirando encima
el camino de Santiago,
dio voces a su mujer,
y dijo: «¿No habéis mirado
dónde la cama habéis hecho?
¿Queréis que se caiga acaso
un bordón de un peregrino
de los que van caminando,
frasco lleno o calabaza,
y que me quiebre los cascos?».
Y creyéndolo los dos,
a un aposento, temblando,
con más miedo que vergüenza,
los colchones retiraron.

Lisuardo   El cuento me ha dado sed.

Relox   ¿Y risa no? ¡Caso extraño!

41

Lisuardo	Basta la que aquella fuente
	entre cristalinos labios
	muestra, brindando a beberla.
Lauro	¿Quieres agua?
Lisuardo	Tráela, Lauro,
	en un cristal que compita
	con el hermoso y helado
	de esa fuente.

(Va por ella.)

Relox	¡Infame antojo!
	En mi vida me brindaron
	para beber fuentecicas
	ni arroyuelos despeñados
	por traidores contra el vino.
	Siempre entre dientes hablando,
	y si por desdicha enferma
	de tercianas un cristiano,
	no hay fuente que le socorra,
	con andar por esos campos,
	sin tener que hacer baldias,
	y no puede ser aguado
	sino un rocío.

(Sale Lauro con un vidrio de agua.)

Lauro	Aquí está
	el agua.
Lisuardo	Muéstrala, Lauro,
	y partamos.

(Salen doña Sol y Urraca de peregrinas.)

Sol   ¿Señor conde?...

Lisuardo   ¡Notable belleza!

Sol   Dadnos
limosna a estas dos romeras
que vienen de Santiago.

Lisuardo   Del mismo cielo parece
que las dos habéis bajado.
Merced me haced de correr
a los rostros soberanos
de los volantes dichosos
las cortinas.

Sol   No llegamos
haciendo esta ostentación;
si sois servido de darnos
limosna, hacednos merced,
y si no, el apóstol santo
en esta jornada os guíe.

Lisuardo   ¡Esperad, esperad!

Sol   Vamos
con diferentes intentos.

Lisuardo   No es cortés término darnos
con las espaldas tan presto,
ni novedad suplicaros
que los volantes quitéis.

Sol	A quien es tan cortesano, tan caballero y señor, no será razón negarlo, por no parecer nosotras descorteses también.

(Descúbrense.)

Lisuardo	¡Raro y más que admirable extremo de hermosura! No me acabo de persuadir que es verdad tan peregrino milagro de honestidad y belleza.
Sol	Bebed, señor, y mandadnos dar limosna.
Lisuardo	¿Cómo pide limosna quien está dando pródiga, al mundo hermosura, rica, al Sol rayos dorados, poderosa, al cielo envidia, divina, al tiempo milagros? Quien ha menester pediros, romera, ¿cómo ha de daros, ni qué ha menester pedir quien almas viene robando?
Sol	Yo soy, conde, una mujer de Castilla, noble tanto como su conde. Hice voto de visitar el sagrado

sepulcro de nuestro apóstol;
de esta suerte caminando
a pie y pidiendo limosna,
aunque traigo mis criados
detrás con una litera
para los forzosos pasos
del camino, vuelvo agora
después de haber visitado
su sepulcro y su patrón,
a Castilla, publicando
mi devoción en las conchas,
veneras y santiagos
de azabache y de marfil,
que; como es costumbre, traigo
en sombrero y esclavina;
y quien sois, sabiendo acaso
de los vuestros, a pediros
las dos limosna llegamos.
Ved si nos la habéis de dar,
o guárdeos Dios.

Lisuardo   Alejandro
quedara corto, señora,
en esta ocasión. No hallo
para serviros, si no es
esta cadena que alabo
los diamantes, cuando estén
en vuestras hermosas manos,
por los mejores que ha visto
Ceilán.

Sol   Nosotras no vamos
sino es pidiendo limosna
por el voto de que os hago,

45

señor conde, relación,
y los diamantes dejadlos
para quien tan bien los luce,
que allá en Castilla no estamos
las mujeres como yo
tan faltas de ellos, que traigo
algunos con que poder
serviros y regalaros,
que pueden desafiarse
con más de una estrella a rayos.
Y el cielo os guarde con esto,
que me parece que estamos
los dos mal de esta manera;
vos, el tiempo dilatando
de caminar; yo, con vos
pasando ya del recato
los límites que me debo,
y que por quien soy me guardo,
y es razón no detenerme,
ni entreteneros hablando,
caminaréis más aprisa
y beberéis más despacio.

Lisuardo   Detente, que, vive Dios,
que es rigor demasiado
partirte de esa manera.

Sol   Pues ¿qué quieres?

Lisuardo   ¿Qué más claro
te pueden hablar mis ojos
de lo que te están hablando?

Relox   Y vos, dulce motilona,

de este hermoso castellano
serafín, no os vais; mirad
que hay también quien os ha dado
más corazón que a Belerma.

Urraca   ¿Y es Durandarte el lacayo?

Relox   ¡Qué presto me conociste!

Urraca   No basta el fieltro por ramo
a el vinagre que vendéis?

Relox   Romera de los diablos,
poco a poco, que, por Dios,
que somos de un mismo paño,
y que te haré una manera,
sin saber cómo ni cuándo,
en el alma.

Urraca   ¿De qué suerte?

Relox   Con un beso y dos abrazos.

Urraca   Yo lo doy por recibido;
pero sepa que me llamo
Urraca y soy de Castilla,
y conmigo, señor ganso,
no hay zorroclocos.

Relox   Vertiendo
estás por ojos y labios
seis mil ducados de renta.

Urraca   ¡Encarecimiento extraño!

Relox	¿Pues hay más que encarecer que con dinero sepamos? ¿Hay mayor donaire? ¿Hay cosa de más hermosura?
Sol	Tanto os hacéis desentendido de lo que soy, que me canso de estar cansada con vos de advertiros y escucharos; hacedme merced de hacer como quien sois, y dejarnos proseguir nuestro camino, sin que nos impida el paso poco decoro a la sangre que tengo, al antiguo y claro blasón de algún apellido que honra a España y que heredaron estos nobles pensamientos que veis, y que están brotando valor y honor por los ojos, por las palabras, por cuantos átomos de sangre tengo de ser mujer; que esto al alto y al humilde suele siempre obligar, y al más bizarro. Sabed ser galán cortés, no grosero cortesano.
Lisuardo	Dejadme besar la nieve de una mano.
Sol	De mi mano

esperad, conde, más castas
hazañas, y reportaos;
no pasen las groserías
a poder llamarse agravios,
que —¡vive Dios!— que mujer
como soy, sepa dejaros
con desengaños de libre,
con presunciones de ingrato,
con escarmiento de necio
y castigos de villano.
Vamos, Urraca.

(Vanse doña Sol y Urraca.)

Relox   ¡Y por Dios
                    que ella no es mal papagayo!

Lisuardo   ¡Mujer peregrina en todo!

Lauro   ¿Has de beber?

Lisuardo   No, me abraso;
                    para tan poco remedio,
                    reparte a esas flores, Lauro,
                    ese cristal para perlas,
                    y caminemos, que parto
                    sin mí, dejando los ojos
                    en ese prodigio helado
                    de Amor, en ese desdén
                    peregrino, en ese mármol
                    imposible.

Relox   ¿Y Linda?

Lisuardo   Linda,
de mi amoroso cuidado
ha de ser eterno dueño;
y es en semejantes casos
mujer propia, diferente
de la que ciego idolatro
por invencible y ajena,

Relox   ¿Apenas estás casado,
cuando al primer trascartón
quieres dar matrimoñazo?

Lisuardo   Déjame, necio.

Relox   Confieso
que es verdad, que no te hablo
al gusto, que eres señor
al fin, y yo un mentecato.
Digo, que la peregrina
es querubín soberano,
y que puede con los ojos
matar a Poncio Pilato;
y el contrapeso me deja
perdido por sus pedazos,
y que pretendo ser tordo
de tan dulce Urraca.

Lisuardo   Vamos,
y pase la gente toda
delante, y solo un lacayo,
que es Relox, quede conmigo,
y cuatro o cinco criados,
que quiero ir un poco a solas.

Relox   ¡Oh, mental enamorado!

Lisuardo   Loco por tus ojos voy
               romera de Santiago.

               Fin de la primera jornada

Jornada segunda

(Salen doña Sol y Urraca solas, de la misma suerte que primero.)

Urraca
                   Notablemente sentiste
que te pidiese favores
el conde.

Sol
                         Urraca, no ignores
que esto hasta aquí me trae triste.
     ¡Que un señor, un caballero
que más cortés debe ser
con una honesta mujer
anduviese tan grosero!
     ¿Diéronle acaso mis ojos,
Urraca, alguna ocasión?

Urraca
                   Cuando tan livianos son
animan a los antojos;
     culpa a tu misma hermosura
de su atrevimiento.

Sol
                          Calla,
que estas son disculpas que halla
la necedad. ¿Por ventura
     estoy obligada a ser
fea para no perderme
el respeto; sin valerme
el que debe a una mujer
     cualquier hombre principal,
que es lo que se debe a sí?

Urraca
                   Tienes razón; pero di,
¿cómo te parecen mal

todos los hombres?

Sol
Urraca,
nací con esa aspereza.

Urraca
Siempre fue de la belleza
la ingratitud sombra.

Sol
Saca
de ese número la mía,
y llámala inclinación
honesta, sin la ambición
de la hermosa hipocresía;
que se precia, de ordinario,
de hacer arte del desdén.

Urraca
Pues que te parezca bien
algún hombre es necesario;
siendo mujer y naciendo
de los hombres.

Sol
Necia estás;
no hace diferencia más
un hombre presente viendo
que de un árbol, una fuente,
un edificio, un retrato.

Urraca
Corazón tienes ingrato,
pues no hay hombre que te aumente
un poco más el deseo
que lo que está inanimado.
Sin duda que se te ha helado
el apetito; no creo
que para mujer naciste.

Sol	Esto a quien soy corresponde.
Urraca	¿Es posible que en el conde algunas partes no viste que te pareciesen bien?
Sol	¿Quién, dime, por vida mía, te paga la tercería? ¿Quién te encargó mi desdén? Pues ¿cuándo sueles conmigo tener este atrevimiento?
Urraca	De tu mismo sentimiento son hijos los que te digo.

Sol	¡Qué bien pareces criada,
	pues una apenas se ve
	en el mundo que no esté
	para tercera pagada!
	    ¡Oh, enemigos no excusados
	de los dueños que ofendéis!
	Murmuráis y malqueréis
	regalados y pagados.
	    ¡Qué de cosas se excusaran
	si excusaros se pudiera!

Urraca	¿Mandaste que la litera y los criados pasaran adelante?
Sol	Urraca, sí; porque quiero caminar hasta este primer lugar

a pie:

Urraca   Deberánte ansí,
                    más que a abril, flores los prados.

Sol   Y yo a ti lo que callares,
                    que no son pocos pesares
                    sufrirte algunos enfados,
                       de mi condición ajenos
                    y nuevos en mí hasta agora.

Urraca   Perdón te pido, señora,
                    y estos campos por lo menos
                       enamoren tu hermosura.

Sol   La suya a la vida avisa
                    en el marchitarse aprisa.
                    Ya parece que procura.
                       el Sol entrarse en el mar;
                    un poco más caminemos,
                    Urraca, porque lleguemos
                    con luz alguna al lugar.

(Salen el conde don Lisuardo y todos sus criados embozados, con bandas
por las caras y las espadas desnudas.)

Lisuardo   ¡Teneos!

Urraca   ¿Qué es esto, cielos?
                    ¡Perdidas somos!

Sol   Urraca,
                    no te aflijas, no te turbes;
                    que estas desnudas espadas

56

                              no quieren sangre.

Urraca   ¡Ay, señora!;
                    ¿Qué quieren?

Sol   Oro y plata;
                    que éstos son algunos hombres
                    de obligaciones, que pasan
                    necesidad y procuran
                    de esta suerte remediarla
                    saliéndose a los caminos.
                    Deja que los hable.

Urraca   Acaba,
                    y sepamos lo que intentan
                    de esta suerte.

Sol   Camaradas,
                    contra dos mujeres solas
                    menos que una espada basta.
                    Retiradlas, que si vuestra
                    determinación lo causa
                    neocsidad de dineros,
                    y dos mujeres honradas,
                    que en este traje caminan,
                    os parece qué esa falta
                    pueden suplir, reportaos,
                    y sin armas ni amenazas
                    cortésmente os serviremos.

(Descúbrese Lisuardo.)

Lisuardo   Romera hermosa y gallarda:
                    solo tu belleza busco.

Urraca	¡Hablara para mañana!
Sol	¿Quién sois?
Urraca	¿Al conde, señora, no conoces?
Sol	No son trazas éstas de hombres como el conde, y así en quien era dudaba.
Lisuardo	Amor me obliga, romera, y tu desdén, que con tanta violencia a buscarte vuelva. Procura menos ingrata corresponderme, que estoy perdido.
Sol	Conde, repara en quien soy, y juntamente que en hacerme ofensa agravias lo más noble de Castilla; que soy doña Sol de Lara, condesa de Lara e hija de don Manrique, a quien llama España el nunca vencido; que puesto que muerto falta a mi honor, de él heredé sangre tan noble, que basta contra las locas porfías.
Lisuardo	Pues yo te doy, Sol, palabra de marido.

Sol   Y el primero
          que ha hecho cuando se casa
          estelionato eres tú.

Lisuardo   ¿De qué suerte?

Sol   Si a la infanta
          de León la has dado, conde,
          ¿cómo a un mismo tiempo tratas
          otro casamiento? Advierte
          que vienes ciego y que pasas
          los límites de quien eres,
          y prosigue tu jornada,
          que no es razón

Lisuardo   No hay razón
        en amor.

Sol   Ya se adelanta
        eso a locura.

Lisuardo   Tú misma
        me disculpas.

Sol   Y tú infamas
        tu valor.

Lisuardo   Ya no hay valor.

Sol   Tendréle yo.

Lisuardo   No habrá humana
        resistencia al amor mío.

Sol	¿A un ciego apetito llamas amor?
Lisuardo	Amor o apetito, yo he de gozarte.
Sol	Ya manchas con las palabras mi honor.
Lisuardo	No han de ser solas palabras.
Sol	Pues serán, conde, las obras imposibles. Lo que el alma rigiese esta sangre noble, animare estas entrañas, alentare este animoso corazón, esta bizarra presunción tuviese en pie, o dejaré de ser Lara, antes de mis padres hija, doña Sol y castellana.
Lisuardo	Mi bien, ml gloria, mi dueño; mujer sois, amor me abrasa; vuestro soy, no me matéis con tanto desdén, con tanta ingratitud y aspereza, que no hay ninguna inhumana fiera que no quiera bien su semejante. Las plantas, las peñas, fuentes y ríos con ser insensibles, aman. Aquel ruiseñor escucha,

y verás que cuando canta
amorosas quejas son.
Mira allí cómo se abrazan
con los sauces y los olmos
las hiedras enamoradas.
Hasta aquel peñasco está
enamorando las aguas
de aquel cristal fugitivo.

Sol   Mira entre esas semejanzas
de amor, si nadie por fuerza
lo que le niegan alcanza.
Amor es correspondencia
entre dos iguales almas,
que la costumbre la engendra
y alimenta la esperanza.
Las principales mujeres
de la estimación se pagan,
y ésta es hija de los días
con el tiempo acreditadas;
que accidentes repetidos
de amor, finezas bastardas
cuando más arden, se hielan,
cuando comienzan, acaban;
que como del apetito
más que del amor cansadas,
corten por la posesión
y sobre el olvido paran.
Lo que no cuesta deseos
no lo estima el gusto en nada,
que a las fáciles empresas
siempre sigue la mudanza.
Da tiempo al tiempo, enamora,
con estimación regala,

sirve, ruega, desconfía,
escribe, recela, aguarda
y no atropelles por fuerza
prendas de tanta importancia,
pues no vienen a ser gustos
los del cuerpo sin el alma.

Lisuardo   De espacio estás, doña Sol;
y mis amorosas ansias
más presurosas caminan.

Sol   No sé si hallarán posada.

Lisuardo   Lleva mi amor privilegio.

Sol   Nunca recibe esta casa
huéspedes de esa manera,
porque tiene salvaguarda
del honor y del valor.
Tu ciego amor desengaña,
que no ha de pasar apenas
los umbrales. Conde, aparta;
que el bordón de una romera
con obligaciones tantas,
basta y sobra contra todas
las viles armas villanas
de un descortés caballero.
Haz lo que yo hiciere, Urraca,
o mataréte también.

Urraca   Haz cuenta qué te acompaña
una amazona.

Relox   Urraquilla,

aceituna sevillana,
si a Relox no hay rindibú
te he de hacer a cuchilladas.

Urraca   De montante he de jugar;
lacayo: guardad la cara,
que he de echaros las narices
dos leguas de las quijadas.

Lisuardo   Sol, aunque más rayos eches,
tu defensa ha de ser vana,
que eres Sol, y al paso mismo
que te defiendes, abrasas.

Sol   Por eso, villano conde,
te sabré quemar las alas.

Lisuardo   Ríndete, Sol, a mi amor;
pues al amor veces tantas
se ha rendido el Sol del cielo.

(Éntranse acuchillando a doña Sol, y dicen dentro.)

Sol   ¡Ay, que me has muerto!

Lisuardo   ¡Mal haya
mi espada y mi ingratitud!
Tened, tened las espadas.

Lauro   Sobre la hierba ha caído,
volviendo en coral la grama.

Lisuardo   Perderé también la vida
si a Sol la vida le falta.

(Salen la infanta Linda y Blanca.)

Blanca   ¿Cartas del Conde, señora?

Linda   Sí, Blanca, del conde son,
                          cuyas letras con razón
                          el alma besa y adora.

Blanca   Desde el camino te escribe;
                          finezas de desposado
                          y galán enamorado.

Linda   Con estos socorros vive
                             mi esperanza y mi deseo;
                          que no tiene la paciencia,
                          contra el rigor de la ausencia,
                          otras armas.

Blanca   No te veo
                             alegre como solías.
                          Todo te cansa y da guerra.

Linda   Con el conde a Ingalaterra
                          se fueron mis alegrías.
                             Como no has llegado a amar.
                          no has sabido qué es tener
                          tristeza, llorar, temer,
                          esperar, desconfiar;
                             y mucho más que da el dueño
                          de esta ausencia, en cuya calma
                          toda es recelos el alma,
                          todo es temores el sueño.
                             ¡Ay, Blanca, qué confusiones

64

quien quiere ausente padece;
y qué de miedo se ofrece
a las imaginaciones
   cuando discurre quien ama
de veras! ¡Ay, Blanca mía!
Ven acá. ¿El conde podría,
acaso con otra dama,
   darme en el camino celos,
y en Ingalaterra, donde
las hay tan bellas?

Blanca   El conde
tendrá los mismos desvelos
   acerca de tu memoria,
o de tu olvido también,
pues te quiere el conde bien.

Linda   Blanca, del amor la gloria
   mientras la presencia falta,
tiene suspensiones todas.

Blanca   Presto tus dichosas bodas
el temor que sobresalta
   tu pecho sosegarán.

Linda   Entretanto temo, espero,
desconfío, vivo y muero,
que es, Blanca, el conde galán,
   y miro en él infinitas
partes para deseadas.

Blanca   A las tuyas obligadas,
¿qué temores solicitas?

Linda   Verdad es; mas puede ser,
           ya que la mano le di,
           que las mire el conde en mí
           como de propia mujer.

Blanca   Tiene esta regla excepción
           en quien son como tu eres,
           que, aunque son propias mujeres,
           deidades humanas son.
           Al conde le tengo yo
           lástima, que irá perdido,
           sin consuelo, sin sentido,
           pues el bien que mereció
                por dicha, se le dilata
           con tanto rigor la ausencia,
           valiéndose la paciencia
           de una esperanza que mata
                cuando comenzó el deseo
           de la misma posesión;
           que una infanta de León
           no es tan ordinario empleo,
                que la privación de aquello
           que ha de volver agozar
           no le mate hasta llegar
           a gozarlo y poseello;
                y después de poseído
           y gozado, nunca el bien,
           que es tan soberano en quien
           está pasando, es creído;
                que pasa cuando se alcanza
           con la misma posesión
           el término a la razón,
           el límite a la esperanza.

Linda	¡Qué bien que sabes hablar,
	sin tener, Blanca, experiencia
	en tan peligrosa ausencia!
Blanca	Todo se viene a alcanzar
	con el humano discurso.
Linda	Escuchar cantar quisiera,
	porque quien amando espera
	nunca tiene otro discurso.
	¿Has traído el instrumento
	contigo?
Blanca	Señora, sí;
	el instrumento está aquí;
	toma, señora, un asiento,
	y templa con más prudencia
	tu grave melancolía.
Linda	Cántame, por vida mía,
	algunas cosas de ausencia.

(Canta.)

Blanca	«Madre, aquella niña
	de los ojos lindos,
	matadores de hombres
	sin ser basiliscos.
	De su dueño ausente,
	sus ojos son ríos,
	su música endechas,
	sus bailes suspiros.
	Suspensa parece
	que la han dado hechizos,

sospechas de celos,
temores y olvidos.»

Linda

Blanca, no prosigas más,
que parece que cantando,
con los temores, hablando
de mis recelos estás
  y, si como son recelos
que se dan tanto a temer,
llegasen acaso a ser,
Blanca, averiguados celos.
  Pienso que el seso perdiera;
poco es al seso, la vida.
Tanto esa causa homicida
de tantos gustos hiciera
  en mi pecho enamorado;
y así, desde hoy, no te asombres,
ni me lo cantes, ni nombres,
basta que me den cuidado.

Blanca

Siempre te he de obedecer.

Linda

¿Quien viene?

Blanca

           Su alteza.

(Sale el rey Ordoño.)

Ordoño

               Hermana,
¿tan a solas? La cuartana
de la ausencia debe ser.
  ¿Cómo se halla vuestra alteza
de su gran melancolía?

Linda	Con Blanca me entretenía
	cantando.

Ordoño	Tan gran tristeza,
	solo puede suspender
	la voz de Blanca.

Linda	Confieso
	que debo infinito en eso
	a Blanca.

Blanca	Si encarecer
	lo que servirte deseo
	con eso intentas ahora,
	toda la merced, señora,
	que me estás haciendo creo.

Ordoño	Siempre la música ha sido,
	en el amoroso asedio,
	diversión, si no remedio,
	porque es calma del sentido,
	que ésta es la razón de haber
	fingido que suspendió
	al infierno cuando entró
	Orfeo por su mujer.
	Para encarecer así
	la fuerza de la armonía
	un filosofo decía
	que era deidad de por sí.
	Que en nuestro mundo inferior
	tienen partes soberanas
	y son deidades humanas
	amor, música y olor.

Linda

Si añadiera la poesía
vuestra alteza, de otros cuatro
elementos al teatro
humano adornar podía;
   que a la tierra, al agua, al viento
y al fuego, los cuatro son
de tan igual proporción
como cualquier elemento.
   Primeramente la tierra
imita a la poesía
en la variedad que cría,
en la hermosura que encierra.
   La música al agua imita
que va con músico estruendo
dulce consonancia haciendo
cuando al mar se precipita.
   Al aire toca el olor,
y la cuarta y la postrera
del cielo, cercana esfera
que es del fuego, es el amor,
   en cuya ardiente pasión,
para vengar los desvelos
de los humanos, los celos
fieras salamandras son;
   que agua, fuego, tierra y viento
tanto inficionando aquejan
con su aliento que no dejan
privilegiado elemento.

Ordoño

Mal encubre la experiencia
que es esta su enfermedad.

Linda

Diciendo estoy la verdad
en el potro de la ausencia,

que aunque a voces la confieso,
después que sin él me vi,
ya me trae fuera de mí
como es dolencia del seso;
    aunque a veces me confía
el mismo amor y valor
del conde.

Ordoño   Siempre el temor
ser de amor sombra porfia;
    pero para que no salga
con la suya, es menester
la imaginación vencer,
y que del tiempo se valga
    divirtiendo el pensamiento
el discursivo rigor.

(Sale Ortuño.)

Ortuño   Aquí está el embajador
de Castilla, con intento
    de hablarte, porque ha venido
a la audiencia que le has dado
para este día.

Ordoño   Cansado
este embajador ha sido,
    tantos desengaños viendo
y tanta esquivez mostrando,
en irle así dilatando
lugar de escucharle.

Ortuño   Entiendo
que con la resolución

hoy volverse determina
a Castilla.

Linda   ¡Peregrina
castellana obstInación!

Ordoño   Aquí quiero darle audiencia,
porque con más brevedad,
viendo de tu voluntad
y la mía la experiencia,
    se canse y se desengañe
y dé la vuelta a Castilla.
Entre, y llegadle una silla.

(Vase Ortuño.)

Linda   Hoy para que te acompañe
    en esta audiencia me obliga
solo tu gusto, que estoy
obligada al que te doy;
porque de ver que prosiga
    este embajador grosero
con tan cansada embajada,
me tiene, Ordoño, cansada.

Ordoño   Que hoy quedes con gusto espero.

(Sale el conde Garci-Fernández.)

Garci-Fernández   A vuestras altezas beso
los pies.

Ordoño   Guárdeos Dios; tomad
asiento y despés hablad.

Garci-Fernández	Porque sé lo que intereso en el servicio del conde de Castilla, mi señor, solícito embajador parezco.
Ordoño	Cuando responde de su embajada al intento el mismo suceso, está respondido el conde ya.

Garci-Fernández	Solo de este casamiento
	  que forme quejas ahora
	me manda el conde; pues viendo
	la ventaja que está haciendo
	a un vasallo, la señora
	  infanta niegas a un conde
	de Castilla.

Ordoño	Embajador,
	al mérito del valor
	igual merced corresponde.
	  Y como yo me he preciado
	de justiciero en León,
	con esta satisfacción
	los servicios he pagado
	  de un vasallo tan valiente,
	demás de que su apellido
	dos veces ha merecido
	ser heroico descendiente
	  de nuestra casa real.
	Esto al conde responded,
	y que tengo por merced

el deseo.

Linda
En caso igual,
también puede ser porfía.

Garci-Fernández
Con ese nombre se infaman
las finezas de los que aman
con poca dicha.

Linda
La mía,
tan grande ha venido a ser,
que con las demás estoy
grosera.

Garci-Fernández
Corriendo voy
por los celos, hasta ver
mil veces mi desengaño;
y cada vez que le veo
nace de nuevo el deseo
y pasa adelante el daño.

(Dentro.)

Sol
Dejadme entrar, no me impida
de todo el mundo el rigor,
que me va en ello el honor,
que es mucho más que la vida.

Ordoño
¿Qué es eso?

(Sale Ortuño.)

Ortuño
Una peregrina,
y peregrina mujer

	que contra todo el poder
	de nosotros determina
	entrarse furiosa a hablar.

Ordoño	Pues llega tan rigurosa,
	con razón viene quejosa,
	sin duda. Dejadla entrar.

| Ortuño | Tanto valor ha mostrado, |
| | que ella se ha entrado primero. |

Ordoño	Escuchar sus quejas quiero,
	pues hoy estoy obligado,
	como rey, por justa ley,
	a no esconder las orejas
	a la justicia y las quejas,
	o he de dejar de ser rey.

(Sale doña Sol con el cabello suelto.)

Sol	Escúchame atentamente,
	rey Ordoño de León,
	a quien llama el justiciero
	el hemisferio español,
	si es que te precias de serlo,
	o para mí faltan hoy
	todas las cosas que pueden
	ser, Ordoño, en mi favor,
	y alcanzará la Fortuna
	el imposible mayor
	si a quien eres faltas tú,
	porque sobre al mundo yo.
	Yo soy, aunque no quisiera
	después que sin honra estoy,

de don Manrique de Lara,
su heredera doña Sol.
Imagino que esto basta
para decirte quién soy;
que don Manrique en Castilla
es el último blasón.
De visitar desde Burgos
a pie, en el traje que voy,
pidiendo limosna, hice
voto al gallego patrón
desde una borrasca, adonde
golfo lanzado corrió
al mar, de una enfermedad
la vida leño veloz.
En cuya fe, como en tabla,
parece que me sacó
al puerto de la salud
esta piadosa intención.
¡Pluguiera a Dios que primero
muriera! ¡Pluguiera a Dios,
Ordoño, que hubiera estado
el cielo sordo a mi voz!
Que a veces sirve la vida,
a quien más la deseó,
de dar armas a su ofensa
y a la desdicha ocasión.
Daba la vuelta a Castilla
dando al cielo que me dio
lugar para visitar
del apóstol español
el sepulcro, inmensas gracias,
con la autoridad y honor
de criados, que importaba
a mi persona, aunque voy

a pie, y limosna pidiendo,
con esclavina y bordón,
cuando, entre el Miño y el Sil
encontré al ponerse el Sol
del conde don Lisuardo
un cortesano escuadrón,
que para tratar tus bodas
iba por embajador
a Ingalaterra. Llegamos
otra compañera y yo,
doncella mía, a pedirle
limosna, que ambas a dos
íbamos del mismo modo
vestidas, con el valor,
devoción y honestidad
que pedía el ser quien soy,
mi estado, mi pensamiento
y la peregrinación.
Pero poco importa todo,
si este monstruo, este escorpión
a quien llaman hermosura
—veneno fuera mejor—
este basilisco humano,
esta esfinge que nació
para vender a su dueño
de un parto con la traición,
esta breve tiranía,
esta lisonjera flor
de la maravilla, aquesta
breve mortal ambición
para romper del respeto
los privilegios que dio
la cortesana hidalguía,
no hubiese dado ocasión.

¡Mal haya amigo tan falso!
¡mal haya bien tan traidor,
tan villana tiranía,
tan costosa adulación!
El conde, al fin.

Linda (Aparte.)   (¡Ay de mí!
Del aire pendiente estoy.)

Sol   Al fin, el conde, resuelto
con las alas del furor,
libre como el apetito,
y ciegos ambos a dos,
si mudos para el agravio,
sordos para la razón,
sin discursos, sin memoria
de que hay justicia, trazó
la más fiera alevosía
que usó humano corazón;
que gustos desordenados
de poderoso ofensor,
atropellando a su dueño,
corren a la posesión.
Al fin, el conde, aquí tiemblo,
aquí me falta la voz,
aquí el aliento me falta.

Linda (Aparte.) (Y estoy sin sentido yo.)

Sol   Haciendo pasar delante
sus criados, eligió
cinco, que con él vinieron
a tan infame facción,
y con desnudas espadas

al camino nos salió,
con bandas, como los cinco
cubierto el rostro traidor.
Salteadores bien nacidos
imaginamos que son,
y con corteses palabras
llego a reportallos yo;
cuando, descubriendo el conde
el aleve rostro, dio
muestras de su infame intento
con ciega resolución.
Yo, con el valor de Lara,
remito altiva al bordón
la defensa de mi ofensa.
Pero ¿qué importa el valor
cuando la desdicha es más,
cuando el poder es mayor,
el apetito es campal
y está ciega la razón?
Una punta de su espada
en la frente me alcanzó,
cuando más mezclada andaba
la batalla de mi honor.
Sentí en los ojos la sangre,
y en el flaco corazón,
como, al fin, de mujer hizo,
más que la herida, el temor.
Ciega de la sangre, en tierra
el honor conmigo dio,
que siempre fue mal agüero
sangriento eclipse en el Sol.
A este tiempo, entre los brazos
a recibirme llegó,
con piadosa tiranía,

con tirana presunción,
donde, haciendo a los demás
que se aparten, comenzó
a regalarme lascivo,
a enlazarse adulador.
Si con la boca me limpia
la sangre, con el dolor
fingido, lágrimas vierte,
que de cocodrilo son.
Yo, sin aliento, sin alma,
ni oigo, ni siento, ni estoy
para resistirle, y loco,
ciego y tirano intentó
mi desventura, mi infamia,
mi deshonra.

Linda (Aparte.)   (¡Muerta soy!)

Sol   Y como en el apetito
que no es legítimo amor
suele el arrepentimiento
seguir a la posesión;
con la misma tiranía
en el campo me dejó
llena de sangre y de afrenta,
tan desdichada, que doy
quejas al cielo de verme
con la vida en la ocasión
que pudiera ser la herida
penetrante, porque yo
con la vida juntamente
matara mi deshonor.
Pero, quedando con ella,
vengo a pedirte, señor,

justicia de aqueste agravio,
castigo de esta traición.
¡Justicia, Ordoño; justicia,
por quien eres, por quien soy,
que no es bien que falte en ti
por privanza ni pasión!
Y cuando falte, a los pies
me iré del emperador,
que tiene sobre los reyes
cesárea jurisdicción.
Y si él remiso estuviere,
me iré al papa, y cuando él no
me quisiese hacer justicia,
por eso en el cielo hay Dios.
Demás de que tengo deudos
en Castilla y en León,
que sabrán tomar las armas
en defensa de mi honor.
Que el conde Relox-Fernández,
conde en Castilla lo es hoy
tan mío, que somos hijos
de dos hermanos los dos,
y vendrá de mejor gana
a volver por mi opinión
con las armas que a pedirte
el caballo y el azor.
Y cuando por desdichada
en ninguno halle favor,
para vengarme yo misma
y tomar satisfacción,
piedras pediré a la tierra,
al mar pediré furor,
alas al aire, y al fuego
rayos que arrojando estoy;

a las víboras veneno,
a los áspides rigor,
ojos a los basiliscos,
al infierno obstinación.
Y entretanto morderé
la tierra que esto sufrió,
como una perra con rabia,
como una bestia feroz,
sin osar alzar al cielo
sino es la imaginación;
que doña Sol afrentada
no es justo que mire al Sol.

(Arrójaseá los pies del rey Ordoño, y levántase el conde Garci-Fernández.)

Ordoño   ¡Raro suceso!

Garci-Fernández   Hasta aquí,
Ordoño, he representado
otra persona, llevado
del celoso frenesí
de un amoroso cuidado.
    De ser dejo embajador
celoso, amante y galán;
que cesan las del amor
cuando de por medio están
obligaciones de honor.
    Relox-Fernández, el conde
de Castilla soy, a quien
toca este agravio, por donde
se ha de restaurar también;
si al conde el abismo esconde,
    que está mi sangre agraviada,
en doña Sol y conmigo

por mayor deuda obligada.
Y así desde luego digo,
puesta la mano en la espada,
    que don Lisuardo, el conde,
es cobarde y es traidor,
y a quien es no corresponde;
y que esto hará mi valor
verdad presto aquí y adonde
    me diere el tiempo ocasión.
Y conforme al valor mío,
pondré con esta intención
carteles de desafío
en Castilla y en León,
    en Francia, en Ingalaterra,
en Italia, en Alemania;
sacándole, si se encierra,
como prodigio de Hircania
de las venas de la tierra.
    De doña Sol la opinión,
teniendo deudos tan buenos,
verá con satisfacción,
porque por Lara no es menos
que una infanta de León.

Ordoño   Conde de Castilla, a mí
me toca, como a su rey,
la satisfacción, y así
por la justicia y la ley,
seré lo que siempre fui.
    Pues me llama el justiciero
León, con mi obligación
cumplir como debo espero,
cuando fuera de León
el conde solo heredero.

Y entretanto a Sol tendré
de la infanta en compañía,
y su honor satisfaré,
como el de la hermana mía
quede juntamente en pie,
que, como es público, ha dado
la mano al conde de esposa,
que no es pequeño cuidado,
en que el alma temerosa
y confusa ha vacilado.
Mas todo lo facilita
la justicia y la prudencia,
porque el rey que a Dios imita,
con humana providencia
lo que importa solicita.
Este caso pide más
atención que otro ordinario,
que pienso que igual jamás
se ha visto, y es necesario
ir, conde, con el compás
de la prudencia midiendo
la justicia y la ocasión,
a quien acudir pretendo
con tanta satisfacción
como siempre en mí están viendo.
Vos a Castilla os volved,
conde, hasta tanto que sea
ocasión, y agora haced
que esto más secreto sea,
que es hacer a Sol merced,
hasta que el conde haya dado
de Ingalaterra a León
la vuelta, y perded cuidado,
que yo tomo su opinión

por mi cuenta.

Garci-Fernández   Confiado
                              en esa palabra quiero
                              a Burgos la vuelta dar,
                              adonde tu gusto espero
                              obedecer y esperar
                              al conde.

Ordoño   Él es caballero
                                  tan valiente, que la cara,
                              cuando sin rey estuviera
                              y vasallo no se hallara,
                              a ninguno no escondiera
                              de los Manriques de Lara;
                                  pero las armas aquí,
                              conde, no han de sentenciar
                              lo que me compete a mí.

Garci-Fernández   La justicia, que en lugar
                              de Dios resplandece en ti.

(Vanse el rey Ordoño y conde Garci-Fernández.)

Blanca   ¡Qué lastimoso suceso
                              en tan divina belleza
                              y en tal beldad!

Linda   Dios te guarde,
                              mujer, cualquiera que seas;
                              retiradla.

(Vanse Blanca y doña Sol. Sale Relox con fieltro y botas.)

Relox

De tus bellas
plantas los chapines beso
y en los copos de la densa
nieve de las blancas manos,
pongo este pliego que espera
porte como de una infanta
que pretende ser condesa.

Linda

¿Quién eres?

Relox

¿No me conoces?
¿Tan presto se olvidan prendas
de lo que se quiere bien?
¿Posible es que no se acuerda
de Relox, lacayo suyo,
en tres semanas de ausencia?
¿El que te habló a la partida
y al que con tanta terneza
del conde, encargaste entonces
la brevedad a la vuelta?
El mismo soy; aquí vengo
en figura de estafeta
con botas hasta las ingles
más altas que una cuaresma
por marzo, y Dios sabe cómo
traigo las asentaderas,
que dejo al conde embarcado
en la Coruña, y con estas
cartas me despachó, y quiere
que al desembarcarse vuelva
a recibille, señora,
de tu salud con las nuevas.
Relox soy; yo soy Relox.

Linda	Relox: en mal hora vengas.
Relox	Por cierto buenas albricias para quién viene por ellas de posta en posta, sin tripas más de cuarenta y seis leguas. ¡Mal haya el hombre que fía después que una vez se ausenta, en infantas ni en rocines!
Linda	¡Hola! Colgad de una almena a este villano.
Relox	¿Qué dices? ¿Hablas de burlas o veras?
Linda	Presto lo verás, infame cómplice de mis ofensas, que en las cartas de ese ingrato me traes víboras por letras.
Relox	¡Yo he llegado a muy buen tiempo para todas mis quimeras! ¡A linda ocasión, por Dios! Cuando pensé que me hicieran conde en aquesta ocasión por albricias de estas nuevas hallo tantas novedades.
Linda	¡Hola!

(Sale el rey Ordoño y Ortuño.)

Ordoño	¿Qué voces son éstas?

        ¿qué tiene la infanta?

Linda   Celos,
que es la pasión más inquieta
que priva del albedrío.

Relox   Yo pienso que está su alteza
de aquella cabeza loca.

Linda   Antes, villano, estoy cuerda,
pues que sé sentir.

Ordoño   ¿Quién eres?

Relox   Un lacayo sin librea
del conde don Lisuardo,
mi señor, que es la primera
vez que se ha visto en su vida
con botas y con espuelas,
que dejándole embarcado
en la Coruña, desea
dar a su alteza este pliego
y volver con la respuesta
al desembarcarse el conde;
que hallé estas puertas abiertas
y me metió el alborozo
hasta las pies de su alteza,
y cuando pensé salir
con un juro para en cuenta
de un título de vizconde,
me manda colgar.

Linda   En esa
relación de tu camino,

¿cómo olvidas la romera
de Santiago?

Relox
              Pues yo,
¿qué culpa tuve, o qué pena
merezco, si a mí y a Lauro,
a Ramiro y a Fruela
nos mandó volver con él;
que nosotros en la empresa
servimos de tenedor
y él trinchó el ave?

Ordoño
                    Confiesa
sin tormento la verdad,
y la información comienza
bien por esta confesión.
Escribe, Ortún, de tu letra
los nombres de estos criados
del conde, y a éste le metan
donde ninguno entretanto
ni verle ni hablarle pueda;
y esté todo con silencio
esto en Palacio.

Relox (Aparte.)
                    (¡Que venga
a solo esto un desdichado
por la posta tantas leguas
sobre navajas, en silla,
sobre tarascas gallegas!)

Ordoño   Llevadle.

Linda
              Guárdete el cielo
por el socorro que intentas

dar, Ordoño, a mis agravios.

Ordoño   El pecho, Linda, sosiega,
              que ha de ser tu esposo el conde
              aunque se ponga la tierra
              de por medio, y de tus celos
              las ciegas ansias desecha,
              porque con el escarmiento
              de la suma de la pena
              culpas de la mocedad
              fácilmente se descuentan.

(Aparte.)   (Esta lisonja a la vida
              y al sexo de Linda es fuerza
              hacer con arte.)

Linda   No mires,
              Ordoño, pues que deseas
              ser católico Trajano,
              ser Numa español; las prendas
              del conde, mi amor, mis celos,
              mi vida, mi honor, la mesma
              sangre que tienes, que es mía,
              si a la justicia que enseñan
              las leyes de tus pasados
              has de faltar; pues sin ella
              falta el poder al poder,
              el decoro a la vergüenza,
              el miedo a la majestad,
              el amor a la obediencia.
              Desnuda, Ordoño, el estoque
              de la justicia, no pierdas
              el nombre hasta aquí ganado.
              Muera el Conde, aunque yo muera.
              Ni la pasión te acobarde,

ni la sangre te detenga;
que eso es política, en fin,
y en los reyes que gobiernan
más importa la justicia
y para la paz la guerra.
Esto, Ordoño, contra sí
una loca te aconseja,
que de llorar, solamente
morir le queda de cuerda;
aunque es grande la desdicha
que la muerte le consuela.

(Vase.)

Ordoño   ¡Notable suceso ha sido!
                Síguela, Blanca.

Blanca   ¡Qué fiera
                pasión!

Ordoño   Camina, lacayo.

Relox   ¡Oh, mal haya la romera,
                que siendo ella la gozada
                padece Relox la fuerza!

                Fin de la segunda jornada

Jornada tercera

(Salen doña Blanca y Ordoño.)

Ordoño   ¡Blanca!

Blanca   ¡Señor!

Ordoño   ¿Cómo está
la infanta?

Blanca   Tanto mejor,
cuanto el agravio al dolor
dando desengaños va;
    porque ella la misma ha sido
en tan ciego pensamiento
causa de su sentimiento,
es de volverla el sentido;
    que estando la ofensa en medio
en una honrada mujer,
una propia viene a ser
la enfermedad y el remedio.

Ordoño   Bien dices, que en el amor
lo que el tiempo no ha podido,
agravios con el olvido
curan de celos mejor.
    Hoy llega el conde, en efeto.

Blanca   Que temo de la presencia
nueva celosa dolencia;
y como amor, es efeto,
    de los ojos con los ojos
se aumentan, justos o injustos,

| | los agravios y los gustos |
| | las glorias y los enojos. |

Ordoño   Bien ha menester más vidas,
sobre su rigor mirando,
a quien están esperando
dos mujeres ofendidas.
   El cielo me inspire el modo
de suerte que, por codicia,
ni pasión, a la justicia,
no falte, que es faltar todo
   el bien de un reino sin vella.

Blanca   Quien en tan floridos años
con tan altos desengaños
ha merecido por ella
   el nombre que le da España,
demás del mucho valor
de sus aciertos, señor,
la experiencia desengaña.

Ordoño   Siempre he de ser el que fui.

Blanca   Su alteza viene, señor.

(Sale la infanta Linda.)

Ordoño   La causa de su dolor
me tiene, Blanca, sin mí,
   cuando la pena la tiene
con sentimiento tan grande.
Hermana.

Linda   Ya a que la mande

vuestra alteza, Linda viene.

Ordoño   Favores son que me hacéis.
                ¿Cómo estáis?

Linda   Mucho mejor;
                porque descuento el amor
                en los agravios que veis.

Ordoño   ¿Qué ha sido la novedad
                de la gala?

Linda   Venir hoy
                el conde y ser yo quien soy,
                y ya que a la voluntad
                no le debo esta alegría,
                a la obligación responde
                de la venida del conde
                por precisa deuda mía;
                pues hasta agora no puedo
                negar que el conde es mi esposo,
                y entretanto esto es forzoso.

Ordoño   Admirado, Linda, quedo
                de tu raro entendimiento.

Linda   ¡Pluguiera al cielo que fuera
                menos, porque no supiera
                tener tanto sentimiento!

(Sale Ortuño.)

Ordoño   ¿Qué hay de nuevo, Ortún?

Ortuño	Señor,
	nuevas de que llegará
	muy presto el conde, que ya
	para prevenir mejor
	   su entrada, en la sala adonde
	le has de dar pública audiencia,
	con peregrina advertencia
	que a tu ingenio corresponde.
	   Del conde un criado está
	una cortina poniendo
	debajo la cual entiendo
	que con propósito va
	   de poner de Margarita
	el retrato hermoso y grave,
	porque en el punto que acabe
	la relación, solicita
	   enseñártele con toda
	aquesta veneración,
	como a reina de León.
	Al fin tu dichosa boda
	   llegue, señor, para bien
	de tus reinos.

Ordoño	Dios te guarde, Ortún.
Linda	Aunque llegan tarde mis albricias para quien tan buenas nuevas ha dado, en todo son de estimar.
Ordoño	¡Qué valor quiere mostrar!
Linda	Toma, y llámame al criado,

por que también se las dé.

(Le da una sortija.)

Ortuño   ¡Vivas más años que el Sol,
                milagro hermoso español!

Ordoño   Ortún, escucha.

(Hablan aparte.)

Blanca   No sé
                si a tan bizarro valor
                ninguno se ha de igualar.

Ordoño   Esto se ha de hacer sin dar
                sospechas de mi rigor,
                   que es importante el secreto,
                como también el cuidado.
                Advierte, Ortún, si el criado
                está en la lista.

Ortuño   A este efeto
                te entré a hablar; en ella está.

Ordoño   Pues hazle prender.

Ortuño   Yo voy.

Linda   Hoy nombre a tu nombre doy
                con el que valor me da
                   pues que te ayudo con él
                a la justicia. Ésa es sola.

Ordoño   ¡Fénix divina española;
                 el oro, el bronce, el laurel
                     digno es de escribir tu nombre
                 solamente!

Linda   Y del divino
                 tuyo solamente dino
                 porque la tierra se asombre.

(Sale Lauro de camino.)

Lauro   De vuestra alteza, señor,
                 ....
                 ....
                 .... [-or]
                     beso los pies, y los vuestros,
                 señora, pido, también,
                 añadiendo el parabién
                 de los que lo han de ser nuestros,
                     pues llega tan presto el conde
                 a gozar el bien que aguarda.

Linda   Siempre para el alma tarda.

Lauro   Justamente corresponde,
                     señora, tan gran fineza
                 a la fe, al notable amor
                 con que el conde, mi señor,
                 idolatra a vuestra alteza;
                     aunque ha estado con cuidado
                 de haber visto, y con razón,
                 que a su desembarcación
                 las cartas le hayan faltado.

98

Linda	Falta de salud ha sido.
	Toma, aunque merecen más,
	estas nuevas que me das.

(Dale una sortija.)

| Lauro | Guarde, a pesar del olvido |
| | el tiempo, tus verdes años. |

Linda	Inmortal debo de ser,
	pues no han tenido poder
	en mí algunos desengaños
	para matarme.

| Lauro (Aparte.) | (Recelo |
| | que habla Linda sospechosa.) |

| Linda | Margarita, ¿es muy hermosa? |

Lauro	Las dos sois soles del suelo.
	Su beldad es peregrina;
	en la copla podéis ver
	que yo he venido a poner
	debajo de una cortina,
	en la sala en que su alteza
	al conde audiencia ha de dar,
	cuando le llegue a besar
	la mano.

| Linda | Tanta belleza |
| | merece este aplauso todo. |

| Ortuño | El conde ha llegado ya |
| | a palacio. |

(A Lauro.)

Ordoño   Ven acá.
¿Cómo te llamas?

Linda (Aparte.)   (De modo
la nueva me ha alborotado,
que estoy sin mí de alegría;
tanto en la fe pueden mía
las reliquias que han quedado.)

Ortuño   Lauro es el último aquí
de la lista.

Ordoño   Ellos vinieron
como más menester fueron.
Prended a Lauro.

Lauro   ¡Ay de mí!

Ordoño   Delitos del conde son
en que eres cómplice.

Lauro   ¡Ah, cielo!
No fue vano mi recelo.
Señora...

Linda   En esta ocasión
no te he de poder valer.
Llevadle preso.

Lauro (Aparte.)   (Sin duda
que contra el conde se muda

de la Fortuna el poder.)

(Llévanle.)

Ortuño   Pienso que el conde está aquí.

Ordoño   Sillas; y despeje, Ortún,
                  toda la gente común
                  que hubiere, y al conde di
                  adonde está la cortina.

Ortuño   A advertirle al conde voy.

Linda (Aparte.)   (¡Con qué sobresalto estoy!)

Blanca (Aparte.) (Tiene fuerza peregrina
                  Amor, aunque esté ofendido.)

(Sale el conde Lisuardo.)

Lisuardo   Dadme a besar vuestros pies.

Linda (Aparte.)   (¡Ay, alma! ¿Qué es lo que ves?)

Ordoño   Seáis, conde, bien venido.
                  ¿Cómo venís? Levantad.

Lisuardo   Deseando, por los vientos,
                  llegar con los pensamientos
                  a los de la voluntad.

(La infanta Linda habla aparte a Blanca.)

Linda   ¡Ay, Blanca! Viendo presente

al conde, con el rigor
de la ofensa y del amor
tiemblo y ardo juntamente.
Mirándole estoy mortal.
¿Posible es que es éste a quien
yo llegué a querer tan bien
y me ha pagado tan mal?

Blanca   Señora, en esta ocasión
más valor has de tener.

Linda   Forzoso, Blanca, ha de ser.

Lisuardo   Escuchad la relación.
Luego que con tú estandarte
los cuatro marinos montes,
que al mar les diese obligaron
campo de cristal salobre,
prósperamente a tu fama,
lisonjero al viento entonces
de la Coruña a Piemúa
en breve tiempo nos pone.
Apenas sobre la espuma
nos descubrieron las torres,
cuando intentaron juntar
dos elementos conformes;
porque los alegres fuegos
fueron tan grandes, que sobre
el agua su ardiente esfera
paces juró aquella noche.
Aquí pasé algunos días
de Enrique esperando el orden,
con la cual, desde este puerto,
partí a la corte de Londres.

102

Honró mi recibimiento,
dando grandeza a la corte,
su príncipe Feduardo
con los ingleses conformes.
Vine a apearme a palacio
con todo este aplauso, adonde
los reyes nos esperaban
en los mesmos corredores.
Llegué a besarles las manos,
y al mismo tiempo se opone
a oscurecer Margarita
los reales esplendores.
Besé su mano, y hallé
más cristal que vale el orbe;
y entre rayos de oro y nácar
prodigios de nieve y flores.
Levantóme con los brazos
de la tierra, y preguntóme
por tu salud, juntamente
con la de Linda, que gocen
largos años estos reinos,
y a los reyes que nos oyen,
y que me esperaban, vuelvo
y tus cartas doy entonces.
Leyéronlas, y contentos,
con un sarao me responden
dónde la beldad inglesa
dio hermosas adoraciones.
Aposentáronme dentro
de palacio, haciendo pobres
las grandezas de Alejandro
con varias ostentaciones.
Y después de algunos días
que conferimos la dote,

se firmaron los conciertos
de las capitulaciones,
y, remitiendo a las cartas
lo demás, partí de Londres
para embarcarme a Plemúa,
que estaba dándome voces.
el deseo de llegar
a ver a Linda, que logren
mis esperanzas ausentes
el fruto de sus amores.
Y para hacerte lisonja,
a la partida el rey dióme
de Margarita un retrato
a su estatura conforme.
Debajo de esta cortina
que te descubro se esconde;
su gentileza te admire
y su hermosura te asombre.

(Corre la cortina, y está debajo doña Sol, de peregrina.)

Ordoño   ¿Es ése, conde, el retrato?

Lisuardo (Aparte.)   (¿Qué es esto, cielos?)

Ordoño   ¿Conoces
                          esta mujer?

Lisuardo (Aparte.)   (¡Qué suceso
                          tan extraño!)

Ordoño   ¿No respondes?

Lisuardo   Señor, sí...

Ordoño	La turbación en el rostro, en las razones, el más abonado ha sido testigo que tienes, conde, contra ti.
Lisuardo	Señor, señor...
Ordoño	No te disculpes ni ignores que ha de ser contra tal yerro el valor ni el blasón noble parte para que te valgan en culpas que son tan torpes de seguros privilegios y de libres excepciones. Yo te cortaré las alas que tan ciegamente rompen del cielo en ofensa el viento con soberbias presunciones.
Lisuardo	De vuestra alteza a los pies postrado...
Ordoño	No paséis, conde, delante. Quedaos y haced cuenta que para que cobre su honor doña Sol no sois hombre tan rico, tan noble, sino el más triste vasallo el más humilde, el más pobre que hay en León; y por vida de mi corona, que tomen en vos todos escarmiento

y yo más heroico nombre.

(Vase el rey Ordoño.)

Lisuardo   Señora, esposa, mi bien,
                  si de vos no se socorre
                  mi esperanza, estoy perdido.
                  Hablad al rey, no se enoje
                  sin escucharme.

Linda   No sé
                  quién eres, que vienes, conde,
                  tan diferente, que aun tú
                  pienso, que no te conoces.
                  El rey ha de hacer justicia,
                  que son sus obligaciones;
                  remédiete el cielo.

(Vase la infanta Linda.)

Lisuardo   Blanca,
                  sigue a la infanta; y pues oye
                  lo que la dices tan bien,
                  con palabras, con razones
                  encarecidas disculpa
                  sus celos, no la apasiones
                  tan a su costa, pues sabe
                  que son de la edad errores,
                  y con halagos al rey,
                  como puede, desenoje,
                  porque le temo indignado;
                  así dulcemente logres
                  tus esperanzas, así
                  tengas...

Blanca	No me atrevo, conde,
	a hablar en ello a la infanta,
	ni ella al rey, porque conoce
	la condición de su hermano.
	Busca otros medios que importen.

(Vase doña Blanca.)

Lisuardo	¿Hay hombre más desdichado?
	Sol, templad los arreboles
	y serenad los celajes
	que vuestros rayos esconden.
	Medie el rey por ti mi culpa,
	no pido que la perdones,
	que yerros de amor no es mucho
	que tu misma luz los dore.
	Yo quiero ser tu marido
	si de mi mano depone
	la acción que tiene la infanta,
	y esclavo tuyo. Disponte
	a hablar al rey, porque falto
	de su gracia, no sé dónde
	tengo segura la vida.
	¿Qué dices? ¿Qué me respondes?

Sol	Que el rey sabe lo que debe
	hacer en esto, conforme
	al blasón de la justicia
	que mantiene y que dispone.
	y que cuando correr vea
	tu alevosa sangre, adonde
	un verdugo la cabeza
	de tu vil garganta corte,

no me hartaré de beberla;
que de la venganza, conde,
ha de quedar más sedienta
mi hidrópica sed entonces.

(Quiere irse y la detiene.)

Lisuardo   Espera, Sol, no te ausentes
de mí, que no soy la noche
de Noruega, aunque estoy puesto
de tus desdenes al norte.

Sol   ¡Ah, sirena, no me encantes!
¡Áspid libio, no me toques!
¡Basilisco, no me mires!
¡Cocodrilo, no me llores!

(Vase.)

Lisuardo   Echó la Fortuna el sello
a mi desdicha.

(Salen Ortuño y la guarda.)

Ortuño   Daos, conde,
          a prisión.

Lisuardo   Ortún, ¿qué dices?

Ortuño   Que vengo, conde, con orden
de llevaros preso. Dad
la espada, y paciencia.

Lisuardo   ¿A un hombre

como yo, Ortún, se le pide
la espada? ¿A un hombre que sobre
la Luna y el Sol ha puesto
con tantos hechos su nombre
y el de su rey, manda el rey
dar la espada, cuyo corte
tanto católico acero
y africano reconoce?
¡Vive Dios!

Ortuño   Conde, estas cosas
no se negocian con voces.
Vasallo de Ordoño sois,
y es de vasallos traidores
no obedecer a sus reyes
y a los que los reyes ponen
en su lugar. A esto vengo,
representando su nombre.
Obedecedle, o mirad
que vienen doscientos hombres
hijosdalgo y caballeros
conmigo, con orden, conde,
de mataros, si intentáis
defenderos. No provoque
vuestra cólera la ira,
en tan fuertes ocasiones,
del rey y de los que vienen
a vuestra prisión.

Lisuardo   Bajóme
la Fortuna hasta el abismo
de las desdichas, que corren
conmigo tormentas. Ortún,
sobre mi cabeza pone

mi lealtad la orden del rey;
toma la espada y no tomes
ocasión para decir
que no soy leal.

Ortuño   Es, conde,
ésa, la mayor cordura
y el mayor valor.

Lisuardo   Valores
contra los reyes, no sirven
de más que de agravios. ¿Dónde,
si es licito el preguntarlo,
Ortún, voy preso?

Ortuño   A las torres
de palacio.

Lisuardo   Vamos, pues;
que no es bien que me congojen
prisiones, pues las desdichas
se hicieron para los hombres.

(Vanse. Salen Ximeno y él con Garci-Fernández.)

Relox   ¿Y sabe el rey que he llegado?

Ximeno   Y llegas, conde, a León,
a tan famosa ocasión,
que hoy dicen que acompañado
   de sus jueces, adonde
está su real consejo,
siendo de otro Numa espejo
asiste al pleito del conde.

Relox	El nombre de justiciero le conviene conservar si quiere Ordoño reinar; si no, el castellano acero verá en su vega desnudo, y el Ezla argentar las manos de los fuertes castellanos.
Ximeno	De su prudencia no dudo que sabrá Ordoño acudir a darte satisfacción.
Relox	O será Troya León; que no se ha de persuadir el conde don Lisuardo, que menos que con la vida satisface la ofendida sangre de Lara.
Ximeno	Gallardo dicen que es el conde.
Relox	Sí, y valiente caballero, que, aunque enemigo, a su acero no niego el valor que vi cuando cercando a León sobre el feudo de Castilla la castellana cuchilla temió el Sol.
Ximeno	Tienes razón; que igualó a Marte ese día.

Relox   Pero con esto ha borrado
             cuanta opinión ha ganado;
             que es vileza y cobardía
                que contradice al valor
             ofender a una mujer,
             y más tan noble.

Ximeno   Al poder,
             a la fuerza del Amor,
                no hay valor, razón ni ley,
             porque su furia amenaza
             hasta lo invencible.

(Dentro.)

Voces   ¡Plaza!

Relox   Debe de salir el rey.

(Salen el rey Ordoño con memoriales, Ortuño y acompañamiento.)

Ortuño   Todo el consejo te espera,
             y no ha quedado en León
             letrado en esta ocasión
             a quien la fama venera
                que no asista en los estrados
             en la defensa y ofensa
             del conde.

Ordoño   Poca defensa,
             casos tan averiguados
                pueden tener.

Ortuño	Aquí está Relox-Fernández, el conde de Castilla.
Ordoño	Y corresponde al valor que tiene.
Relox	Y ya a besar tus manos llega.
Ordoño	Y yo con los brazos, primo, tantas mercedes estimo; que cuando más en la vega de León armado os vi, jamás, el cielo es testigo, que de pariente y amigo la inclinación os perdí.
Relox	La misma, Ordoño valiente, debe al conde de Castilla vuestra alteza.
Ordoño	La cuchilla desnuda y resplandeciente de mi justicia real verán hoy, como primero, ayudando a Sol, y espero hacer mi nombre inmortal.
Relox	La fama, Ordoño, que en esta edad habéis alcanzado, en caso tan intrincado nos promete y manifiesta que ha de tener el suceso,

que a todos nos esté bien.

Ordoño   Hoy quiero, conde, también,
             que a ver del conde el proceso
             asistáis junto conmigo.

Relox   Sois de la justicia espejo.

Ordoño   Venid, que me está el consejo
             esperando, conde amigo.

(Vanse. Sale el conde don Lisuardo con cadena.)

Lisuardo   Desdichas, ¿qué me queréis?
             ¿Qué pretendéis de mí, agravios?
             No me persigáis, memorias;
             dejadme morir, cuidados.
             ¿Qué infierno es este que miro
             adonde ya, por extraño
             y forastero del mundo,
             los rayos del Sol no alcanzo,
             si no son los de las iras
             de otro Sol menos avaro,
             en correr los paralelos
             de las fortunas que paso?
             Mas, en parte —ioh Sol hermoso!—
             muero contento, pensando
             que gozando a Sol, di al Sol
             celos y envidia a sus rayos.
             Y si tu desdén supiera
             cuánto más me ha enamorado
             la posesión, podría ser
             que te obligara el milagro.

(Tocan dentro una guitarra.)

          Si no me engaño, imagino
          que un instrumento han tocado;
          músicos deben de ser
          del terrero de Palacio,
          que, al silencio de la noche,
          fía sus ansias cantando
          algún amante. A tocar vuelven,
          ¡qué ocioso cuidado!

(Cantan dentro.)

Voces   «Preso tienen al buen conde,
          al conde don Lisuardo,
          porque forzó una romera
          camino de Santiago.
          La romera es de linaje;
          ante el rey se ha querellado,
          mándale prender el rey
          sin escuchar su descargo.»

Lisuardo   ¿Tan públicamente cantan
          mi desdicha? ¡Extraño caso!
          Quiero escuchar, que imagino
          que prosiguen con el canto.

(Cantan.)

Voces   «La prisión que le da el rey
          son las torres de palacio,
          que compiten con el cielo
          y confinan con sus cuartos.
          Las guardas que el conde tiene

todos eran hijosdalgo;
treinta le guardan de día
y de noche treinta y cuatro.
Ya levantan para el conde
en la plaza su cadalso,
y para los delincuentes
hay dos horcas a los lados.»

(Asómase Relox a lo más alto, preso con un tocada en cuerpo.)

Relox   Cante otra vez, ruego a Dios,
en galeras el bellaco
que la historia gargantea
del conde don Lisuardo,
por lo que me toca a mí,
que soy su menor criado,
por las nuevas de las horcas
y albricias de cadalso.
¡Quién pudiera desde aquí,
músico de los diablos,
tirarte una almena!

Lisuardo   ¡Ah, cielos!

Relox   Aquí abajo se han quejado.
¿Si fue del conde el sospiro,
que, según lo que han cantado,
debe de estar preso aquí?
Quiero saberlo. ¿Ah de abajo?

Lisuardo   Pienso que de las almenas
de este homenaje llamaron.

Relox   ¿Conde, mi señor?

Lisuardo	¿Quién es?
Relox	¿Quién en este campanario puede estar, que no sea tordo o Relox?
Lisuardo	Relox, hermano. ¿Ahí estás preso?
Relox	Señor, dos meses ha que aquí paso, con arañas y ratones notables casos y es harto tener narices y orejas a las horas que te hablo. ¿Qué hay del mundo por allá? Que hasta agora que he escuchado tu suceso infausto y triste cantar a este mentecato músico de Bercebú, que otra vez cante a Pilatos, no supe que estabas preso en las torres de Palacio.
Lisuardo	Apenas a ver el cielo a esta plaza de armas salgo esta noche, cuando escucho también de mi muerte el cuándo.
Relox	También me ha cabido a mí un poco de horca; no vamos muy lejos uno de otro; pero yo estoy consolado

con que, en efecto, con esta
postrera carta de pago
han acabado conmigo
alguaciles y escribanos.
Que salir del susodicho,
no será el menor descanso
que puede alcanzar con Dios
un delincuente lacayo.
Que me he visto en las parrillas
de un potro, pasando el trago
más agrio que pasar puede
un cómplice sagitario;
que, a no valerme la lengua,
hoy era, por mis pecados,
cecina de la justicia.

Lisuardo   ¿Cómo?

Relox   Confesé de plano.

Lisuardo   No esperé menos de ti.

Relox   Ni yo.

Lisuardo   En efeto, villano.

Relox   Luego vi, en siendo Relox,
que habían de hacerme cuartos,
aunque me importa primero,
no estando desde tan alto,
si es posible hacer contigo
de mi conciencia un descargo.

Lisuardo   Pues descuélgate si puedes

a esta plaza de armas.

Relox   Tanto
lo deseo, que he de hacer
escala de los pedazos
de dos mantas, donde he sido
siete durmiente empanado.

Lisuardo   La traza mejor elige,
y baja, Relox.

Relox   Ya bajo,
aunque al turco se lo usurpe.

(Vase.)

Lisuardo   Cuanto por mí está pasando
parece sueño. ¿Si estoy
despierto, si durmiendo acaso?
Durmiendo debo de estar,
aunque yo sé que me engaño,
porque solamente sueña
la desdicha un desdichado.

(Sale Relox.)

Relox   Gracias al cielo que llego
a verte.

Lisuardo   Dame los brazos,
que estoy alegre de verte,
puesto que me has condenado.

Relox   Confieso, conde, que soy

para tormentos muy flaco,
y que jamás en mi vida
de robusto me he preciado.
Pero ya que nací al mundo
con estrella de ahorcado,
un escrúpulo en tu amor
te he de revelar.

Lisuardo   Di.

Relox   Cuando
te partiste de León
a Ingalaterra, me echaron
para ti, desde unas tejas,
de las bellísimas manos
de Linda, una banda verde,
de cuya ocasión gozando
un hidalgo forastero,
que en lo soberbio y bizarro,
en lo atrevido, en lo airoso
me pareció castellano,
me la arrebató en el viento,
diciéndome que a mi amo
le dijese cómo un hombre
de más valor, de más altos
merecimientos y prendas,
celoso y enamorado
me la quitaba, y que aquellos
favores tan soberanos
merecerlos no podía
un caballero, un vasallo
como tú, menos que siendo
monarca, como Alejandro,
del mundo, o Relox-Fernández,

120

conde de Castilla.

Lisuardo   ¡Extraño
suceso! ¿Hay más?

Relox   Más.

Lisuardo   ¿Qué más?

Relox   ¿Qué más? Que yo di dos pasos,
          y, requiriendo la espada,
          puesta en el puño la mano,
          le advertí que le dejaba
          con ella, y me fui, callando
          hasta agora, por no darte
          pesadumbre, y procurando
          satisfacer mi conciencia,
          te lo digo al postrer paso.

Lisuardo ¡A buen tiempo, vive Dios,
          que estoy por darte, villano!

Relox   ¿De qué te enojas? ¿Habías,
          yendo entonces caminando,
          de matarle por poderes?

Lisuardo No; mas pudiera el agravio
          a León volverme entonces;
          que las señas que me has dado
          de Relox-Fernández son,
          conde de Castilla, bravo
          pretendiente de la infanta,
          que celoso y despechado
          quiso empeñarme con esa

                    bizarría.

Relox   Es temerario;
              un jayán me pareció.

Lisuardo   Es siempre el miedo muy alto.

Relox   Pienso que agora han abierto
              una puerta, y siento pasos.

Lisuardo   Los de mi muerte serán,
              pues que la estoy esperando.
              ¿Qué es eso?

(Sale Blanca con una vela y la infanta Linda con una llave.)

Linda   Conde, yo soy;
              no os turbéis, que vengo a daros
              la vida por esta puerta
              que he abierto ahora en el cuarto
              del rey mi hermano, con esta
              llave maestra. He intentado
              que me debáis por postrero
              bien el de la vida.

Lisuardo   Tanto
              os debo, que no imagino
              con muchas poder pagaros.

Linda   Dejando a una parte ahora
              las ceremonias, mi hermano,
              con todo el real consejo,
              a muerte os ha condenado,
              que puesto que los jueces

y todos cuantos letrados
tiene León, se conforman
en que pudierais casaros
con Sol, porque las palabras
que nos dimos, y las manos
fueron de tiempo futuro
y sirvieron de un contrato
no más, por solo el decoro
que se debe al soberano
nombre de hermana de un rey,
manda por razón de estado
que muráis, satisfaciendo
también con esto al agravio
de doña Sol; no esperéis
más, que amanece y los rayos
del Sol pueden ser espías
del que dejáis agraviado.
Esa pesada cadena
recoged entre los brazos
y caminad, que en el parque
hallaréis, conde, un caballo
que, corriendo, con el viento
compita para escaparos.
Sueldo os dará el cordobés
rey o el moro sevillano
con que paséis, y adiós, conde.

Lisuardo   Dadme a besar esas manos.

Linda   Conde, esto basta; partíos,
que la piedad me ha obligado
de haber llegado a tener
nombre de vuestra.

Lisuardo	Yo parto sin alma a escapar la vida.
Linda	Hasta salir de palacio tendréis quien os guíe, adiós.
Lisuardo	Adiós.
Relox	Yo sigo tus pasos y azoto las ancas, conde, de ese hipógrifo, pues hago de motilón delincuente la figura.
Lisuardo	Relox, vamos.

(Vanse. Salen Pelayo y Bermudo.)

Pelayo	Tanto al decoro del rey se debe, que declarando que el de la infanta no ha sido matrimonio, han sentenciado a muerte al conde, y levantan en la plaza el cadalso.
Bermudo	No puede haber sucedido jamás tan notable caso.
Pelayo	Con esto queda también satisfecho el agraviado honor de Sol, la opinión de Ordoño inmortalizando.
Bermudo	Espectáculo espantoso

ha de ser.

Pelayo

            ¡Qué alborotado
por el caso está León!
Y es tan general el llanto
de los hombres y mujeres,
que en el lamentable aplauso
se conoce lo que quieren
al conde don Lisuardo.

Bermudo

Era de todos bien quisto
por valiente y cortesano.

(Cajas.)

Pero ¿qué cajas son esas?

Pelayo

Corriendo va el vulgo vario
de la ciudad a los muros.

(Sale Fávila.)

Bermudo

Fávila, ¿qué es esto?

Fávila

                        Un raro
suceso.

Bermudo

            ¿Cómo?

Fávila

                        Escuchad.
A notificar entrando,
a don Lisuardo, el conde,
la sentencia el secretario,
alborotado volvió,
al rey de no haberle hallado
en la prisión, sin saber
quién pudo ponerle en salvo.

Relox-Fernández, el conde
de Castilla, imaginando
que de la infanta o del rey
ha sido caso pensado,
en la vega de León,
con cuatro mil castellanos
que trujo para este efecto
de escolta en abierto campo,
desafió al rey y a todos
cuantos en aqueste caso
han intervenido, deudos
y amigos del conde, estando
de Sol a Sol en la Vega.
Después de haberle retado
de cobarde, si no acude
en aqueste mismo plazo
a volver por su opinión
el conde don Lisuardo.
Pienso que Ordoño, sin duda,
pues es su igual, saldrá al campo
con el conde de Castilla,
porque tiene de bizarro
y de valeroso Ordoño
en las ocasiones, tanto,
como de rey justiciero.

Pelayo   A ver este asombro vamos.

(Toquen. Salen Ximeno, con bastón, y luego el conde Garci-Fernández, armado, y por otra parte Ordoño armado y Ortuño con bastón. Doña Sol armada, y por otra puerta la infanta Linda, armada, con la banda verde por el rostro, y doña Sol con otra, y, Blanca y Urraca con bastones.)

Ordoño   Conde de Castilla, ya

tienes a Ordoño en el campo,
que no es la primera vez
que en él me ve el Sol amado.
Bien sabe el cielo que estoy
libre de lo que imputando
me estás sin razón; mas debo
salir, conde, como salgo,
a tu desafío, viendo
que eres mi igual; aquí estamos.
Resuélvete, que en la espada
la mano puesta te aguardo.

Relox   Ordoño, ya ves que estoy
en la defensa empeñado
de doña Sol, y no puedo
volver a Burgos dejando
sin satisfacer su honor;
y el conde don Lisuardo
faltando, es razón que tú
me des, Ordoño, en tal caso,
por él la satisfacción.

Sol   Y yo también a tu lado,
conde, con aquel valor
que tengo de Lara, aguardo
a la Infanta de León;
porque no hay duda que ha dado
ella libertad al conde,
a costa de mis agravios,
y así la reto y la obligo,
viéndome armada en el campo,
que salga a satisfacerme
con las armas en la mano.

Blanca	Doña Sol, a responderte dos damas de su palacio por Linda vienen. Espera que el rey y el conde hagan campo, que luego vernos podrás a las dos aquí.
Ordoño	¿Qué estamos esperando?
Relox	Que nos partan el campo y el Sol.
Ordoño	Ya tasco espuma y cólera, como suele el andaluz caballo, cuando escucha la trompeta por ver los aceros blancos dando reflejos al día, y apurándole al Sol rayos.

(Sale don Lisuardo armado, y Relox con bastón.)

Lisuardo	Aguarda, Relox-Fernández, que ya va don Lisuardo, y el Sol, conde de Castilla, aún no ha llegado al ocaso.
Relox	¡Notable valor!
Lisuardo	Aquí me tienes ya, castellano; que el valor más que el peligro conmigo ha podido tanto

que, habiéndome dado Linda,
por una puerta del cuarto
de Ordoño libertad hoy
con piadoso pecho humano,
y sabiendo en el camino
que me retabas llamando
a mi rey a desafío,
venciendo por el agravio
con el honor el temor
de la muerte, desarmando
un soldado de los tuyos
que hallé en el Ezla apartado
de su cuartel, me presento
antes que se haya ausentado
el Sol a volver por mí,
como quien soy, disculpando
a mi rey, y juntamente
a cobrar determinado
vengo una banda qué tienes
contra mi gusto, pensando
que era tan sufrido yo
como he sido desdichado.

Relox   Soberbio vienes.

Lisuardo   Resuelto
                      dirás mejor.

Relox   Tan bizarro
                      no te imaginé jamás.

Lisuardo   Pues has estado engañado;
                      que esto que ves es lo menos
                      que parezco.

Relox	¿Qué aguardamos a palabras si hay aceros?
Lisuardo	Eso es lo mismo que aguardo.
Linda	Deteneos, y pues es aquesta banda que traigo por los ojos la que dice, quiero volverla a su mano del conde, con esta mía de esposa, porque en el campo defenderla mejor pueda del conde don Lisuardo; que pues está declarada la nulidad y han estado prendas mías en poder del de Castilla esperando esta elección, lo que he hecho será al gusto de mi hermano, que si repara en que di la mano a don Lisuardo, para besar cada día la doy a cualquier vasallo. Acuda a su obligación, como es razón, entretanto que del conde de Castilla soy mujer.
Relox	Yo soy tu esclavo.
Lisuardo	Yo, hermosa Sol, si merezco la tuya, digo otro tanto.
Sol	Tuya soy.

Ordoño	Heroicamente, Linda, el pleito has sentenciado; dadme, conde de Castilla, los brazos.
Relox	Siempre mis brazos han de estar a tu servicio con eterna amistad.
Lisuardo	Danos tus manos a mí y a Sol.
Ordoño	Quiero también abrazaros.
Relox	¿No sobrará para mí algún codo de un abrazo, pues soy de los delincuentes que se han vuelto a Dios?
Ordoño	A Lauro, a Ramiro y a Fruela, que están en esto culpados, haré contigo merced.
Relox	Vivas tres hanegas de años.
Ordoño	Vamos a León.
Lisuardo	Con esto da fin, dichoso senado, para fines más dichosos la romera de Santiago.

Fin de la comedia

Libros a la carta

A la carta es un servicio especializado para

empresas,

librerías,

bibliotecas,

editoriales

y centros de enseñanza;

y permite confeccionar libros que, por su formato y concepción, sirven a los propósitos más específicos de estas instituciones.

Las empresas nos encargan ediciones personalizadas para marketing editorial o para regalos institucionales. Y los interesados solicitan, a título personal, ediciones antiguas, o no disponibles en el mercado; y las acompañan con notas y comentarios críticos.

Las ediciones tienen como apoyo un libro de estilo con todo tipo de referencias sobre los criterios de tratamiento tipográfico aplicados a nuestros libros que puede ser consultado en Linkgua-ediciones.com.

Linkgua edita por encargo diferentes versiones de una misma obra con distintos tratamientos ortotipográficos (actualizaciones de carácter divulgativo de un clásico, o versiones estrictamente fieles a la edición original de referencia).

Este servicio de ediciones a la carta le permitirá, si usted se dedica a la enseñanza, tener una forma de hacer pública su interpretación de un texto y, sobre una versión digitalizada «base», usted podrá introducir interpretaciones del texto fuente. Es un tópico que los profesores denuncien en clase los desmanes de una edición, o vayan comentando errores de interpretación de un texto y esta es una solución útil a esa necesidad del mundo académico.

Asimismo publicamos de manera sistemática, en un mismo catálogo, tesis doctorales y actas de congresos académicos, que son distribuidas a través de nuestra Web.

El servicio de «libros a la carta» funciona de dos formas.

1. Tenemos un fondo de libros digitalizados que usted puede personalizar en tiradas de al menos cinco ejemplares. Estas personalizaciones pueden ser de todo tipo: añadir notas de clase para uso de un grupo de estudiantes,

introducir logos corporativos para uso con fines de marketing empresarial, etc. etc.

2. Buscamos libros descatalogados de otras editoriales y los reeditamos en tiradas cortas a petición de un cliente.

9 7 8 8 4 9 9 5 3 7 9 6 2